소설 아브라함

소설
아브라함

김호용 글·삽화

머리말

사람은 누구나 삶 속에서 길을 묻습니다.
"나는 어디에서 와서, 어디로 가고 있는가?"
"무엇을 따라 살아야 참된 삶의 의미와 행복을 얻을 수 있는가?"

이 질문은 동서고금을 막론하고 인문학과 철학의 중심에 서 있었습니다. 톨스토이는 "사람은 무엇으로 사는가"라는 물음을 던지며 인간 존재의 본질을 성찰했고, 아우구스티누스는 "우리 마음은 주 안에서 안식하기 전까지는 쉼이 없습니다."라고 고백하며 그 갈망의 끝을 하나님 안에서 찾았습니다. 성경 또한 말합니다. "사람이 온 천하를 얻고도 제 목숨을 잃으면 무엇이 유익하리요"

이처럼 오래된 물음들은 서로를 비추며, 오늘을 살아가는 우리에게도 다가와, 마음 깊은 곳을 두드려 생각에 잠기게 하고, 삶의 갈림길 앞에서 발걸음을 멈추게 하며, 현실과 이상 사이에서 깊은 성찰을 요구합니다.

저는 그 답의 한 조각을 아브라함의 삶에서 발견했습니다. 그는 눈앞의 부와 안전을 과감히 내려놓고, 보장된 미래를 등졌습니다. 그리고 오직 하나님의 약속이라는 보이지 않는 손길을 붙들며, 누구도 걸어본 적 없는 길 위에 믿음의 첫 발을 내디뎠습니다. 그 길은 두려움과 기다림, 때로는 눈물과 고통으로 가득했지만, 동시에 하나님의 신실하심을 가장 선명하게 경험하는 믿음의 여정이었습니다.

이 책은 바로 그 여정을 오늘 우리의 삶 속으로 불러내고자 쓰여졌습니다. 성경 이야기는 종종 멀고 낯설게 느껴질 때가 많습니다. 그러나 아브라함의 삶을 가까이서 들여다보면, 그는 먼 옛날의 인물이 아니라, 오늘을 살아가는 우리와 다르지 않은 사람임을 알게 됩니다. 정직과 올바름을 지키며 살아가는 그의 모습은 누구나 닮고 싶어하는 한 인간의 초상으로 다가옵니다.

아브라함의 이야기를 따라가다 보면, 우리의 인생 여정과 겹쳐 보이는 순간이 있습니다. 바로 그 때, 그의 흔들림은 우리의 흔들림이 되고, 그의 기다림은 우리의 기다림이 됩니다. 별빛 같은 약속을 붙든 그의 손길 속에서, 오늘을 살아가는 우리 또한 다시 일어설 힘을 얻게 됩니다.

그 이해를 돕기 위해 저는 삽화를 함께 실었습니다. 글이 다 전하지 못하는 떨림과 여운을 그림이 담아내어, 독자 여러분이 단순히 글을 읽는 차원을 넘어, 이야기 속 현장에 서 있는 듯 느끼도록 하고 싶었습니다. 아브라함의 내면을 흔든 갈등, 모리아 산 위에서의 숨막히는 결단, 그리고 소돔과 고모라의 비극적인 장면 등은 삽화를 통해 더 생생하게 다가올 것입니다.

결국 이 책은 아브라함만의 이야기가 아닙니다. 하나님의 부르심 앞에서 주저하는 마음, 세상적 가치와의 갈등, 기다림 속에서 흘린 눈물, 그리고 믿음을 붙드는 작은 손길까지…
그 모든 장면은 곧 우리들의 이야기입니다.

이 책을 통해 독자 여러분께서도, 여전히 하늘에 빛나는 별빛을 따라 자신만의 길을 발견하는 기회가 되시기를 바랍니다. 그리고 그 길 위에서 아브라함이 만났던 하나님의 진리와 약속을, 여러분의 삶 속에서도 동일하게 경험하시기를 기도합니다.

2025년 가을
꿈나누미 김호용

프롤로그

밤이 깊었다. 장막의 천 위로 별들이 조용히 흘렀다. 불빛은 거의 꺼졌고, 가축의 숨결과 멀리서 우물을 스치는 바람소리만이 남아 있었다.

늙은 아브라함은 상수리나무 그늘 아래 앉아 하늘을 올려다보았다. 눈은 예전만 못했으나, 별빛은 여전히 선명했다. 그는 그 빛 아래에서 살았다. 떠남과 기다림, 시험과 구원, 그 모든 여정은 언제나 그 빛을 등불 삼아 지나갔다.

그는 손바닥을 펴 흙을 집어 들었다. 건조한 모래가 손가락 사이로 흘러내리며 작은 시냇물처럼 흩어졌다. 아브라함은 낮게 중얼거렸다.

"사람의 날들은 흙으로 시작해 흙으로 돌아가지만, 하나님의 약속은 흙 위에서 별빛이 되어 영원히 길을 밝힌다."

약속이 처음 그에게 왔을 때 그는 일흔의 문턱에 서 있었다. 도시의 벽은 높았고 장막은 필요하지 않았다.

그러나 낯선 목소리가 그의 이름을 부르던 날, 한 때 안식처 같았던 안락함이 이제는 떠나야 할 이유가 되었다.

"떠나라. 고향과 친척, 아버지의 집을 떠나, 내가 네게 보여 줄 땅으로."

그는 눈을 감았다. 우르의 벽돌 냄새, 시장의 소란, 신전의 북소리와 향 냄새가 되살아났다. 지난 세월, 강가에 앉아 공허를 더듬던 자신이 떠올랐다. 그때도 밤은 깊었고, 별은 많았다. 그러나 그 별들은 아직 약속이 아니었다.

"떠남이란 무엇일까?"

그는 스스로에게 물었다. 떠남은 단순히 과거를 버리고 등을 돌리는 일이 아니었다. 떠나온 것들은 여전히 마음속에 남아, 그의 마음을 여전히 무겁게 했다. 그러나 그 무게를 짊어진 채 앞으로 나아가는 것, 그것이 진정한 떠남이었다. 그래서 떠남은 매 순간 믿음을 선택하는 과정이었고, 믿음으로 시작하는 새로운 출발이었다. 떠남은 끝이 아니라 늘 또 하나의 시작이었다.

장막 안에서 낮은 기침 소리가 났다가 곧 잦아들었다.
오래전, 사라가 그 안에서 웃음을 터뜨리던 날들이 있었다.

"여호와께서 나를 웃게 하셨다."

그녀의 음성이 여전히 장막 안에 메아리처럼 남아 있었다. 그는 그 웃음의 무게를 안다. 불신과 희망이 한 그릇에 담겨 흔들릴 때 나는 소리, 눈물과 기쁨이 한 입술에 머물 때 나오는 떨림이었다.

아브라함은 장막 기둥에 몸을 기대고 한동안 모리아 산의 바람을 떠올렸다. 칼을 들던 손의 떨림, 아들의 숨결, 장작의 냄새, 그리고 모든 소리를 멈추게 한 부름.

"아브라함."

그 부름이 끝났을 때 제단 위에는 아들이 아닌 수양이 누워 있었다.

그날 이후 그는 세상을 다르게 보았다. 시험은 칼끝에서 끝나지 않았다. 마음은 칼을 내려놓은 뒤에도 오래 떨렸다. 그러나 떨림 속에서 그는 알았다. 준비하시는 분이 계시다는 것을.

'여호와 이레.'

그 이름은 이후 그의 삶을 붙드는 평생의 힘이 되었다.

그는 더 이상 앞길을 알지 못해도 두려워하지 않았다. 매 순간 필요한 것을 예비하시는 하나님을 경험했기에, 그 이름은 그의 모든 걸음마다 살아 있는 약속처럼 함께했다.

바람이 다시 불어왔다. 멀리서 속삭이던 목자들의 조용한 이야기 소리가 사라졌다. 밤은 더 깊어 졌다. 그는 별자리를 더듬듯 지난 길을 떠올렸다. 하란의 길, 기근의 애굽, 어두운 밤에 치른 전쟁, 우물 곁의 언약, 광야의 울음…

그 모든 장소들이 하나의 길로 이어져 있었다. 길은 굽었고, 때로는 끊긴 듯 보였으나, 발이 닿은 자리마다 제단이 세워졌다. 제단은 돌로 쌓았으나, 실상은 마음으로 쌓아 올린 것이었다.

"주여."

그는 낮게 불렀다.

"저는 나그네요 거류민이었습니다. 그러나 나그네에게도 주소가 있듯, 제가 머문 곳마다 당신의 이름이 주소가 되었습니다."

음성은 바람 속에 흩어졌으나, 마음은 오히려 더 또렷해졌다.

별빛이 그의 얼굴에 내려앉았다. 별들은 세어 본 적이 없었다. 그러나 셀 수 없다는 것을 인정하는 순간, 오히려 약속은 더 가까웠다. 그는 숫자의 계산으로 세상을 바라보지 않았다. 하나님의 신실하심을 붙들며 살아갔기에, 그 세계 안에서 그는 결코 길을 잃지 않았다.

그는 자리에서 천천히 일어나 우물로 걸어갔다. 바가지가 물에 닿자 약한 파문이 번졌다. 잠시 흔들리던 우물 속 하늘도 이내 제자리를 찾았다. 마치 그의 마음이 약속 속에서 다시 안정을 얻은 것처럼. 그는 물을 한 모금 마시고, 남은 물을 흙에 부었다. 땅은 잠시 어두워졌다가 곧 마른 얼굴을 드러냈다. 이 땅은 생명을 오래 기억했다. 눈물과 피와 약속의 말들이 흙에 스며들어 풀을 키우고, 풀은 양을 키우며, 양은 사람을 먹였다. 믿음은 결국 이렇게 돌아왔다. 하늘에서 시작해 땅으로 내려오고, 다시 하늘로 오르는 순환.

"네가 본 이 모든 땅을 네 자손에게 주리라."

처음 그 말씀을 들었을 때 그는 아들이 없었다. 지금은 아들을 보았고, 손자들의 웃음도 상상할 수 있었다. 그러나 약속의 넓이는 여전히 그의 상상보다 컸다. 약속은 그의 수명보다 길고, 그의 장막보다 넓으며, 그의 기억보다 멀리 닿아 있었다. 그래서 그는 안심했다. 약속이 자신의 손아귀에 있지 않다는 사실이 오히려 그를 가볍게 했다.

그는 다시 자리에 앉아 곁의 지팡이를 손에 쥐었다. 오래전 잘려 나온 나무였지만, 손 안에서는 새 생명처럼 따뜻했다. 매끄럽게 닳은 나무 결은 세월의 손금 같았다. 이 지팡이는 언덕을 오르고 골짜기를 지나 늘 그와 함께 걸었다. 때로는 멈추어 서기도 했다. 멈춤도 여정의 일부라는 것을 그는 뒤늦게 배웠다. 멈추어 서야만 들리는 음성이 있었고, 멈추어 서야만 보이는 표적이 있었다. 별빛도, 수양도, 우물도 그랬다.

멀리서 새벽의 기척이 났다. 아직 어둠은 짙었으나 어둠이 물러나는 방향이 있었다. 그는 그 방향을 향해 고개를 들었다.

"주여, 당신의 때는 언제나 완전했습니다."

그 말은 그 자신뿐 아니라, 앞으로 이 길을 걸을 모든 이들에게 남기는 고백이었다.

아브라함은 마지막으로 하늘을 오래 바라보았다. 별 하나하나가 자식의 얼굴처럼 가까웠다. 셀 수 없는 이름들이 빛으로 또렷했다. 그는 미소를 지었다.

"오늘도 나는 떠난다."

떠남은 더 먼 길을 의미하지 않았다. 같은 약속을 향해, 같은 신실을 향해, 같은 이름을 향해 한 걸음을 더 내딛는 일이었다. 길의 끝에서 그를 맞으실 분이 길의 시작에서 그를 부르셨듯, 시작과 끝은 하나였다.

바람이 장막을 스쳤다. 천이 낮게 울렸다. 그는 천천히 눈을 감았다가 다시 떴다. 별빛은 변함없었다. 변하지 않는 빛 아래서만 사람이 변할 수 있고, 변한 사람만이 길을 남길 수 있었다. 그는 자리에서 일어나 장막 안으로 들어갔다. 불씨가 아직 살아 있었다. 손바닥만 한 불꽃이 천천히 타올랐다.

"가자."

그는 낮게 말했다. 어디로라는 말은 덧붙이지 않았다. 이미 그의 삶 전체에 쓰여 있었기 때문이다. 그의 발뒤꿈치가 바닥을 스쳤다. 모래가 작은 소리를 냈다. 그 소리 위로, 오래전 들었던 부르심이 다시 한 번 지나갔다.

"아브라함."

그는 대답하지 않았다. 대신 움직였다. 대답은 언제나 발로 하는 것이었고, 믿음은 늘 그렇게 시작되었다.

밤은 아직 깊었다. 그러나 아침은 이미 별들 사이로 길을 내고 있었다. 그리고 그 길 위로, 이야기가 다시 걸어 나오고 있었다.

차례

머리말 4
프롤로그 7

1. 번영의 도시, 갈대아 우르 19

2. 낯선 부르심 31

3. 장막의 시작 46

4. 약속의 땅, 흔들리는 믿음 67

5. 롯과의 갈림길 90

6. 전쟁과 롯 구출 98

7. 별빛 언약 108

8. 사래와 하갈 116

9. 언약의 확증과 새 이름의 표징 126

10. 세 나그네와 사라의 웃음 140

11. 소돔을 위한 중보   151

12. 소돔과 고모라의 멸망   159

13. 두려움이 낳은 씨앗   168

14. 약속의 성취   176

15. 두 약속의 길   182

16. 우물과 언약   190

17. 모리아 산의 시험과 여호와 이레   197

18. 사라의 죽음   209

19. 리브가의 등장과 약속의 계승   217

20. 아브라함의 노년과 마지막 날들   230

에필로그   243
맺음말   247

1.
번영의 도시, 갈대아 우르

갈대아 우르. 그 거리는 언제나 활기로 넘쳐났다.

강가에는 수많은 상인들이 줄지어 서서, 동쪽에서 온 비단과 왕의 궁에 바칠 향료를 외치며 목청을 돋우었다. 가죽과 곡식은 신전에 바칠 제물이라며 경쟁하듯 손님을 불러 세웠다.

그들의 외침은 낙타의 울음과 노예들의 신음, 북과 피리의 울림과 뒤섞여 거대한 합창처럼 도시 전체를 흔들었다. 햇살은 강물 위에 반짝였고, 거대한 배들이 끊임없이 드나들었다.

도시의 중심에는 하늘을 찌를 듯 솟은 지구라트가 서 있었고, 향 냄새와 피 냄새가 골목 골목마다 흩날렸다. 사람들은 그것을 번영의 증거라 여겼다.

예순을 훌쩍 넘긴 아브람은 그 번영의 한가운데 서 있었다. 존경받는 집안의 장자였고, 그의 장막은 수많은 가축과 종들로 가득했다. 그러나 그의 눈빛은 이미 세월의 주름 속에 깊은 고뇌를 담고 있었다. 곁에 선 사래 역시 초로의 나이에 접어들었지만, 여전히 기품이 흐르고 눈빛은 맑았다.

사람들은 아브람을 바라보며 서로 속삭였다.

"저 사람은 참으로 복받은 자야. 그의 집안은 대대로 번영할 거야."

그러나 그런 환호 속에서도 아브람의 마음은 늘 공허했다.

아버지 데라는 우르에서 이름난 장인이었다. 그의 생업은 신상을 만드는 일이었다. 돌을 다듬고 진흙을 굽고, 금과 은으로 장식을 입히는 손끝은 마치 신비한 힘을 가진 듯 정교했다.

작업장에는 늘 불빛과 망치 소리가 끊이지 않았고, 땀에 젖은 장인들의 얼굴에는 자부심이 배어 있었다. 여인들은 작은 신상을 품에 안고 흐느끼며 기도를 올렸고, 전사들은 거대한 신상 앞에 무릎을 꿇고 전쟁의 승리를 빌었다.

그 모습을 지켜보던 데라는 아들을 붙잡고 조용히 말했다.

"보아라, 아브람. 사람들은 신상 없이는 하루도 살 수 없다고 믿는다. 저들의 눈물과 소망이 이 돌 속에 기대이 있지 않느냐? 너는 이 집안의 장자다. 내가 늙어 가도 네가 곁을 지키면 가문은 흔들리지 않을 것이다. 내가 다져 온 일은 네 손에서 더욱 단단해질 것이다."

아브람은 신상들을 바라보며 속으로 답답함을 삼켰다. 금빛으로 치장된 형상들은 화려했지만, 그의 눈에는 그저 차가운 흙덩이에 불과했다.

"아버지… 저들의 눈물이 신상에 닿을 때 위로받는 듯 보이지만, 그 눈물은 흙 위에 떨어져 사라질 뿐입니다. 이 형상들은 그저 돌과 흙, 불에 던지면 재가 되고, 바람이 불면 흩어지는 먼지가 될 뿐입니다. 그런데 정말 이것이 사람들을 지켜 줄 수 있다고 믿으세요?"

그의 내면에는 단순한 분노가 아니라 존재를 향한 근원적 물음이 소용돌이쳤다. "눈에 보이는 형상이 진짜 신일까? 인간의 두려움이 만든 허상은 아닐까? 존재의 근원은 무엇이며, 참된 위로는 어디에서 오는가?" 이 질문은 보이는 것을 넘어, 너 깊은 진리를 향한 갈망처럼 그를 사로잡았다.

데라의 눈빛은 잠시 흔들렸다. 세월의 무게가 스친 듯, 그의 표정은 깊어졌다. 그러나 곧 입술을 다물더니 낮게 말을 이었다.

"사람은 눈에 보이는 것을 붙든다.
네가 아직 모르는 것을 저들은 안다. 네 자리는 여기다."

아브람은 대답하지 않은 채 침묵했다. 그러나 그 침묵은 순종이 아니라 억눌린 갈망이었다. 아버지를 존경했지만 그 말은 그의 가슴에 깊은 상처를 남겼다. 번영의 화려한 겉모습 뒤에 있는 두려움과 허무가, 오히려 더 선명하게 다가왔다.

그 순간, 장막 기둥 뒤에서 이 대화를 지켜보던 사래의 손이 가만히 떨렸다. 그녀는 두 사람의 목소리를 들으며 남편의 얼굴에 드리워진 고통을 처음으로 뚜렷하게 느꼈다. 가문의 무게와 번영의 책임, 그러나 그것이 채워주지 못하는 내적 공허가 그의 눈빛에 서려 있었다. 사래는 마음속으로 중얼거렸다.

"이 사람의 갈등은 단순한 반항이 아니라, 진리를 향한 목마름이구나."

사래는 남편의 굳은 얼굴을 바라보다가 조심스레 다가와, 조용히 속삭였다.

"여보. 요즘 당신의 마음이 무겁다는 걸 알아요. 하지만 서둘러 답을 찾지 않아도 돼요. … 나는 끝까지 당신 곁에 있을 거예요."

그날 밤, 신전에서는 성대한 제사가 열렸다. 북과 피리 소리가 요란하게 울려 퍼졌고, 술에 취한 무리들은 춤추며 환호성을 질렀다. 향과 피 냄새가 섞여 공기를 짓눌렀고, 불빛은 붉게 타올라 도시의 밤을 삼켰다.

아브람은 사람들 틈에서 무표정하게 제단을 바라보았다. 그러나 다음 순간, 그의 눈앞에서 어린아이가 제사장들에게 붙잡혀 제단 위로 끌려갔다. 아이의 작은 손발이 허공에서 허우적거렸고, 입에서는 절규가 터져 나왔다.

군중은 더욱 큰 환호로 응답했다.

"신께서 받으실 것이다!"
"우리 도시가 번영할 것이다!"

그러나 아브람의 심장은 철렁 내려앉았다. 얼굴이 창백해지고, 시선은 떨리며 바닥으로 향했다. 가슴은 죄책과 혐오로 조여 들었고 숨조차 막히는 듯했다. 그는 외면했지만 아이의 울음은 귀를 파고 들었다.

'이것이 신을 섬기는 길이라면, 내가 누리는 번영은 무엇 위에 세워진 것인가? 만일 그것이 인간의 눈물과 피 위에 세운 영광이라면, 그 끝에는 축복이 아니라 파멸과 허무가 기다리고 있지 않겠는가?'

그는 손을 움켜쥐었으나 떨림은 멈추지 않았다. 화려한 제사의 불빛은 더 이상 그의 눈에는, 신성한 빛이 아니라, 오히려 어둠처럼 보였다.

그의 영혼은 전율했고, 사색은 더 깊어졌다. 종교란 무엇이며, 도덕의 근원은 어디 있는가? 인간이 만든 형상에 목숨을 바치는 것이 과연 진리일까? 그의 물음은 진리를 찾으려는 고뇌처럼 치열했으나, 동시에 신을 향한 갈망으로 뜨겁게 타올랐다.

밤이 깊자, 아브람은 강가에 홀로 앉았다. 별빛이 강물 위에 반짝였다. 도시의 소음은 멀리 사라지고, 오직 물소리와 바람만이 그의 곁을 맴돌았다.

아브람은 두 손을 무릎에 얹은 채, 속으로 중얼거렸다.

"정말 이것이 전부일까? 가문의 명성, 도시의 번영, 신전의 신들… 그러나 내 마음은 여전히 공허하다. 이 허전함은 무엇을 향한 갈망일까? 그는 자신이 어디에서 왔으며, 어디로 가야 하는지를 묻기 시작했다.

그 순간, 알 수 없는 두려움과 설렘이 동시에 그의 가슴을 스쳤다. 마치 보이지 않는 시선이 어둠 너머에서 자신을 지켜보고 있는 듯했다.

그때, 뒤에서 부드러운 발자국 소리가 들려왔다. 사래였다. 그녀는 조용히 다가와 남편 곁에 앉으며 속삭이듯 물었다.

"여보, 또 강가에 있었군요. 무슨 생각을 하고 있어요?"

아브람은 고개를 떨군 채 낮게 대답했다.

"모르겠소. 가진 것이 부족하지 않은데… 마음은 왜 이리 허전한지. 마치 내가 있어야 할 자리가 따로 있는 듯하오."

사래는 잠시 그를 바라보다가 손을 그의 손 위에 살짝 얹었다.

"당신 눈빛은 늘 먼 곳을 향하고 있었지요. 하지만 요즘은…
그곳이 정말 당신을 부르고 있는 것처럼 보여요."

아브람은 놀란 듯 아내를 바라보았다. 그녀의 말은 단순한 위로가 아니라 그의 내면을 꿰뚫어 보는 듯했다. 그 순간, 그의 내면에 말할 수 없는 울림이 번졌다. 강물 위에 흩어진 별빛은 단순한 아름다움이 아니라, 마치 그를 향한 초대장 같았다.

그때 강가를 지나던 늙은 상인이 발걸음을 멈추고 그를 똑바로 바라보았다. 낮게 중얼거리는 목소리가 밤공기 속에 흘렀다.

"이 도시의 신들은 너를 오래 붙잡아 두지 못할 게다. 별빛을 따라 걷는 자는 길 위에서 자신을 찾는다네."

아브람은 깜짝 놀라 고개를 돌렸다. 그러나 이미 늙은 상인의 모습은 군중 속에 묻혀 사라지고 없었다. 남은 것은 그의 귓가에 메아리처럼 맴도는 그의 말뿐이었다.

강 위로 바람이 불어왔다. 물결은 출렁이며 별빛을 흔들었고, 그 빛은 마치 그의 흔들리는 마음을 비추는 듯했다.

아브람은 두 손으로 얼굴을 감싸 쥐었다. 도시의 번영, 아버지의 기대, 사람들의 환호가 모두 한순간에 허망하게 느껴졌다. 그러나 그 공허 속에서 그는 알 수 없는 부르심의 기운을 더욱 선명히 느꼈다.

그는 눈을 감았다. 마음 가장 깊은 곳에서 잔잔하지만 분명한 속삭임이 울려왔다.

"아브람, 여기가 끝이 아니다. 네 앞에는 아직 걸어가야 할 길이 남아 있다."

아브람은 천천히 눈을 떴다. 강물 위로 흩어진 별빛이 마치 하나의 길처럼 이어지고 있었다. 그 길이 어디로 향하는지, 무엇을 만나게 될지는 알 수 없었다. 다만 한 가지는 분명했다. 지금 이곳이 그의 종착지는 아니라는 것이었다.

그는 떨리는 숨을 고르며 강물 위에 반짝이는 별빛을 오래 바라 보았다. 그것은 단순한 빛이 아니라, 앞으로 걸어가야 할 길을 가리키는 표지처럼 느껴졌다.

아브람은 알았다. 아직 발걸음을 떼지는 않았지만, 그의 마음은 이미 길 위에 서 있다는 것을.

2.
낯선 부르심

새벽이 밝아오자, 우르의 거리는 또다시 소란스러워졌다.

장터에는 붉은 석류와 향기로운 향료가 산더미처럼 쌓였고, 상인들의 외침은 끊이지 않았다. 구리로 만든 방패와 은으로 장식한 목걸이는 햇빛에 반짝이며 사람들의 눈길을 사로잡았다. 신전 앞 광장에서는 제사장들이 긴 행렬을 이루며 신상 앞에 향을 피웠고, 북소리와 나팔 소리가 하늘을 찔렀다. 아이들은 뛰놀며 웃었고, 노인들은 그늘 아래 모여 지난날의 전쟁과 승리를 자랑스레 이야기했다.

모두가 풍요와 안전을 노래하는 듯 보였으나, 아브람의 눈에는 그 광경이 더 이상 안식으로 다가오지 않았다. 화려한 신전의 불빛은 그에게 어둠처럼 느껴졌고, 사람들의 환호성은 메아리 없는 울림처럼 공허하게 다가왔다.

그의 발걸음은 종종 강가로 향했다. 밤이 되면 물결 위에 흩어진 별빛이 강물 따라 흔들렸고, 그것은 단순한 아름다움이 아니라 보이지 않는 길을 가리키는 표지처럼 느껴졌다. 사람들은 그것을 그저 별빛이라 여겼지만, 아브람의 가슴에는 설명할 수 없는 울림이 점점 커지고 있었다.

'이 풍요가 영원할까? 눈에 보이는 풍요가 삶의 근거라면, 그것이 무너질 때 나는 어디에 서 있어야 하는가?'

우르의 풍성한 삶 한복판에서, 아브람의 가슴은 도리어 갈급함과 허무로 메말라 갔다. 그 갈망은 아직 이름조차 알 수 없는 낯선 부르심이 다가오고 있음을 예고하는 듯했다.

아버지 데라는 아들을 붙잡고 자주 말했다. 그러나 오늘은 달랐다. 그의 목소리는 낮게 눌렸고, 어조는 더욱 단호했다.

"아브람, 너는 장자다. 나이가 예순이 넘고 일흔이 다 되어도, 장자의 책임은 사라지지 않는다."

"내 눈이 어두워지고 손이 떨린다 해도, 네 어깨에는 여전히 이 가문을 지켜야 할 책임이 있다."

"내가 평생 쌓아 온 신상 제작소와 우리 가문의 명성을 네가 붙들어야 한다. 그래야 가문이 이어지고, 사람들이 너를 존경할 것이다"

아브람은 침묵했지만, 그 침묵은 순종이 아니라 눌린 울음 같았다. 아버지를 존경했지만, 그 말은 돌덩이처럼 가슴을 짓눌렀다.

일흔을 바라보는 나이에, 그는 오히려 더 깊은 질문 앞에 서 있었다.

'평생을 이 일에 매여야 하는가? 내 삶은 결국 아버지의 그림자 속에서 끝나는 것인가? 내가 진정 있어야 할 자리는 이 돌과 흙 사이가 맞는가?'

낮에는 아버지의 작업장에서 신상들이 줄지어 세워지는 모습을 지켜봐야 했고, 밤이면 사람들의 기도와 환호가 돌덩이 앞에 쏟아졌다. 여인들의 흐느낌과 전사들의 외침은 그의 귓가를 울렸지만, 그 속에서 그는 도리어 인간의 두려움과 허무를 보았다.

"돌덩이 앞에서 흘리는 눈물, 돌덩이를 신처럼 떠받드는 저 소리가, 정말 사람을 살리는 힘이 될 수 있을까? 내 귀에는 오히려 두려움과 허무만이 메아리칠 뿐이다."

그는 밤마다 강가로 발걸음을 옮겼다. 물결 위에 흩어진 별빛은 단순한 아름다움이 아니었다. 그것은 설명할 수 없는 갈망을 자극하는 표지였고, 보이지 않는 길이 어딘가에 있다는 예고처럼 다가왔다.

어느 날, 장막 곁에서 삼촌을 따르며 살림을 함께 돌보던 조카 롯이 다가왔다. 그는 이제 서른을 훌쩍 넘긴 청년으로, 가축 떼와 종들을 관리하며 집안을 든든히 받쳐 주고 있었다.

"삼촌, 요즘 얼굴에 근심이 많아 보이세요. 예전처럼 환하게 웃으시던 모습이 잘 보이지 않네요. 무슨 일이 있으신 거예요?"

아브람은 조카의 눈빛을 피하며 대답했다.

"롯, 삼촌의 마음이 요즘 자꾸 흔들린다. 눈앞의 풍요가 참으로 크지만, 그것이 과연 참된 만족을 줄 수 있는 길일까 하는 의문이 드는구나."

롯은 잠시 생각하다가 조용히 물었다.

"삼촌, 여기는 살기 좋은 곳이에요. 가축도 많고, 종들도 충성스럽고… 게다가 할아버지의 이름도 널리 알려져 있어 사람들이 우리를 존경하잖아요. 그런데 삼촌은 왜 만족하지 못하시는지 여쭤봐도 될까요?"

아브람은 대답하지 못했다. 단순한 물음이었지만, 그의 가슴을 깊이 찔렸다. 마음속에서는 날카로운 메아리가 울려 퍼졌다.

"재산이 많다고 해서 그것이 삶의 목적이 될 수 있을까?
편안히 산다고 해서 그것이 인생의 이유가 될 수 있을까?
많이 가졌어도 허전할 수 있고, 편안해도 길을 잃을 수 있다."

며칠 뒤, 종들 사이에서도 소곤거림이 돌았다.

"아브람 주인님이 요즘 표정이 어둡다지?"

"혹시 무슨 병이 드신 건 아닐까?"

"아니야, 내가 보기에 주인님은 뭔가 다른 생각을 하고 계셔."

그들의 속삭임은 아브람의 귀에까지 닿았다. 그는 더욱 괴로웠다. 이제 그의 고민은 숨길 수 없을 만큼 깊어지고 있었다. 어느 날 밤, 그는 다시 강가에 나와 홀로 앉았다. 달빛은 강 위에 길게 드리워졌고, 바람은 이상하게도 따뜻했다.

그 순간, 그의 마음 깊은 곳에서 낯선 울림이 일어났다. 그것은 인간의 목소리가 아니었으나, 분명한 음성이었다.

"아브람"

그는 놀라 일어나 주변을 둘러보았다. 아무도 없었다. 사래도, 종들도, 아버지도 없었다. 그러나 음성은 다시 들려왔다.

"너는, 네가 살고 있는 땅과, 네가 난 곳과, 너의 아버지의 집을 떠나, 내가 보여 주는 땅으로 가거라. 내가 너로 큰 민족이 되게 하고, 너에게 복을 주어서, 네가 크게 이름을 떨치게 하겠다. 너는 복의 근원이 될 것이다."

아브람은 무릎을 꿇고 땅을 움켜쥐었다. 흙이 손가락 사이로 흘러내렸고, 그의 심장은 터질 듯 뛰었다. 눈가에는 뜨거운 눈물이 차올라 세상을 흐릿하게 만들었다.

"주여… 정말 당신이십니까? 저는 너무도 연약합니다. 이 도시의 안정, 아버지의 기대, 가문의 번영이 여전히 제 발목을 붙잡고 있습니다. 그러나 제 마음은 이미 불타고 있습니다. 제가 떠나야 합니까? 알지 못하는 길, 보이지 않는 땅이라도 가야 합니까?"

그날 이후, 그의 마음은 두려움과 소망 사이에서 끊임없이 흔들렸다. 낮에는 아버지의 작업장에서 신상을 바라보며 괴로움에 사로잡

혔고, 밤에는 강가에 앉아 별빛을 바라보며 가슴이 떨렸다.

사래는 변해가는 남편의 얼굴을 곁에서 지켜보았다. 말은 하지 않았지만, 그녀는 알 수 있었다. 그의 눈빛이 더 이상 우르의 화려함에 머물러 있지 않다는 것을. 사래는 조용히 숨을 고르며, 다가올 날들이 자신들의 삶을 송두리째 바꿔 놓으리라는 것을 직감했다.

"당신의 얼굴은 날마다 더 멀리 있는 무언가를 보고 있는 것 같아요. 무슨 일이 있었던 거예요?"

아브람은 한참을 망설이다가 마침내 아내에게 털어놓았다.

"사래, 나는 어떤 음성을 들었소. 도시의 신들이 아닌, 살아 계신 참된 분의 목소리 같았소. 나더러 이 땅을 떠나라고 하셨소. 내가 알지 못하는 곳으로 가라고…
그리고 나와 내 후손을 복되게 하시겠다고 말씀하셨소."

사래는 두려움과 놀라움으로 눈을 크게 뜨며 물었다.

"우리를 어디로 데려가신다는 거죠? 친척과 아버지의 집을 버리고, 도대체 어디로 가라는 말씀이에요?"

아브람은 떨리는 목소리로 속삭였다.

"나도 알지 못하오. 그러나 분명한 것은, 그분이 나를 부르셨다는 것이오."

사래는 잠시 침묵했다. 두려움과 불안이 스쳤지만, 이내 고개를 끄덕였다.

"만약 그것이 진짜라면, 우리가 붙들어야 할 것은 두려움이 아니라 그분의 부르심이겠지요."

그녀는 남편 곁에서 하늘을 올려다보았다. 밤하늘에 흩뿌려진 별빛이 마치 자신에게도 말을 거는 듯했다. 사래는 속으로 중얼거렸다.

'나도 두렵다. 하지만 그 길이 진짜라면… 나는 이 사람과 함께 걸어야 한다.'

얼마 후, 아브람은 마침내 아버지 앞에 섰다. 긴 침묵 끝에 그의 입술에서 결심이 흘러나왔다.

"아버지, 저는 떠나야 합니다."

데라는 잠시 말을 잃더니, 이내 얼굴이 굳어지고, 분노에 휩싸여 소리쳤다.

"떠난다니? 어디로 간다는 말이냐? 이 땅보다 더 나은 곳이 어디 있단 말이냐? 네가 모든 것을 버리고… 나를 배신하겠다는 것이냐?"

그의 목소리는 집안 가득 울려 퍼졌다. 종들이 놀라 숨을 죽였고, 사래와 롯은 긴장된 눈빛으로 두 사람을 번갈아 바라보았다.

아브람은 고개를 숙였지만, 목소리만은 단호했다.

"아버지, 저는 아버지를 배신하려는 것이 아닙니다. 그러나 저를 부르시는 분이 계십니다. 그 음성을 외면한다면, 제 삶은 영원히 공허 속에 갇혀 버릴 것입니다."

데라는 의자에서 벌떡 일어나 아들을 향해 길어갔다. 그는 떨리는 손가락으로 아들의 가슴을 거세게 찔렀다.

"그 음성? 도대체 그게 누구란 말이냐? 네가 평생 섬기고 봐 온 신들은 이 도시의 신상들뿐이다. 네가 들었다는 건 환영일 뿐이다.

사람은 눈에 보이는 것을 붙들어야 한다. 돌과 흙이라도, 그것이 사람들을 살린다. 네가 들었다는 그 소리는… 헛된 바람이다."

아브람은 아버지의 손길에 밀려났지만, 다시 일어서며 눈물을 머금은 채 대답했다.

"아버지, 아닙니다. 그것은 바람이 아니었습니다. 제 가슴을 꿰뚫는 분명한 음성이었습니다. 저는 그 순간을 잊을 수 없습니다. 돌과 흙이 아니라, 살아 계신 분이 저를 부르셨습니다."

사래는 긴장된 얼굴로 두 사람 사이를 바라보다가, 차마 끼어들지 못한 채 손끝만 떨고 있었다.

데라는 주저앉으며 두 손으로 얼굴을 감쌌다. 그리고 낮은 신음처럼 말이 흘러나왔다.

"네가 정말 떠난다면… 이 가문은 누가 지키느냐?
내가 평생 피와 땀으로 쌓아 올린 이름은 어떻게 되느냐?
네가 떠나면 나는 무엇으로 남겠느냐?"

아브람은 무릎을 꿇고 아버지의 손을 붙잡았다.

그의 눈에서는 뜨거운 눈물이 흘러내렸고, 그는 간절히 말했다.

"아버지… 저는 아버지를 사랑합니다. 그러나 제가 가야 할 길은 이 집의 번영이 아니라, 그분의 부르심입니다. 아버지께서 제게 주신 이름조차, 이제는 그분의 손에 맡겨야 합니다."

그 순간 데라의 눈빛은 크게 흔들렸다. 분노와 당혹, 그리고 아들을 잃을지도 모른다는 두려움이 한데 얽혀 그의 마음을 짓눌렀다. 그러나 아브람의 눈빛 속에서 그는 더 이상 설득할 수 없는 결심을 보았다.

데라는 떨리는 목소리로 중얼거렸다.

"네가 가야 한다면 막을 수 없겠지… 그러나 그 길 끝에서 무엇을 만나게 될지, 나는 두렵구나."

아브람이 자리를 떠나자, 상막 안은 적막에 휩싸였다. 데라는 천천히 눈을 감고 의자에 몸을 기대어 낮게 중얼거렸다.

"아브람… 네가 들었다는 그 음성, 나는 평생 듣지 못했다. 내 손에는 언제나 돌과 흙밖에 없었지. 사람들은 그것을 신이라 부르며 무릎 꿇었고, 나는 그저 그들의 눈물을 먹고 살아남았을 뿐이다."

그는 깊은 한숨을 내쉬며 장막 천장을 올려다보았다.

"그런데 네 눈빛에서… 나는 내가 잃어버린 무언가를 보았다. 젊은 날, 나도 언젠가 저 하늘의 별을 따라가고 싶었던 적이 있었는데… 두려움이 그 길을 가로막았지."

데라는 두 손으로 얼굴을 감싸 쥐었다. 목소리는 갈라졌지만, 마음 속 깊은 진심이 흘러나왔다.

"가거라, 아들아. 나는 더는 그 길을 걸을 힘이 없다. 그러나 네가 간다면… 부디 내가 보지 못한 별빛의 끝을 만나다오."

그날 밤, 아브람은 장막 앞에 서서 마지막으로 우르의 성벽을 바라보았다. 신전은 여전히 불빛을 밝히고 있었고, 사람들은 번영을 자랑하며 환호했다. 그러나 그의 가슴은 이미 그 너머를 향해 있었다.

별빛은 강 위로 쏟아져 내려 길처럼 이어지고 있었다. 그는 느낄 수 있었다. 이 빛이 자신을 향한 부르심의 표지라는 것을.

아브람은 두 손을 모아 떨리는 숨을 고르며 기도했다.

"주여, 저는 두렵습니다. 그러나 두려움보다 큰 것은 당신의 부르심입니다. 저는 떠납니다. 알 수 없는 길이라도, 당신이 계신 곳이라면 그것이 저의 길입니다."

눈을 뜬 아브람의 시선은 더 이상 우르의 화려한 성벽에 머물지 않았다. 그의 눈빛은 이미 그 너머, 아직 보이지 않는 길을 향해 있었다.

3.
장막의 시작

아직 해가 뜨기 전, 우르의 거리는 깊은 어둠에 잠겨 있었다.

그러나 아브람의 집 앞마당은 이미 낮처럼 분주했다. 종들은 땀에 젖은 얼굴로 낙타와 나귀의 등에 곡식 자루와 물 항아리를 묶고 있었다. 가축 떼가 울부짖으며 줄지어 서 있었고, 아이들은 졸린 눈을 비비며 어머니의 품에 매달려 울음을 터뜨렸다. 짐들이 하나둘 차곡차곡 쌓여가자, 집안 마당은 긴 여정을 앞둔 행렬의 기운으로 가득 찼다.

사래는 조용히 집 안을 둘러보고 있었다. 벽에 걸린 청동 거울, 오랜 세월 곁을 지킨 작은 항아리, 그리고 아직 꺼지지 않은 화덕의 불꽃이 눈에 들어왔다. 그녀는 잠시 항아리를 쓰다듬더니 보자기에 곱게 싸 넣으며 마음속으로 다짐했다.

"이 길 끝에서 무엇을 만나든, 나는 이 사람과 함께 걸어야 한다."

종들 사이에서는 여전히 속삭임이 이어졌다.

"우리는 왜 떠나야 하지? 여긴 안전한데…"

"우르에는 곡식도 넘치고, 물도 풍부한데… 사막에선 무엇으로 살아가겠나?"

그들의 눈빛에는 두려움이 서려 있었으나, 동시에 알 수 없는 기대도 스며 있었다.

아브람은 마당 한가운데 서서 모든 소리를 묵묵히 들었다. 잠시 걸음을 멈추어, 꺼져가는 화덕에 시선을 두었다. 불꽃은 힘을 잃고 잿빛으로 가라앉아 있었고, 남은 열기마저 서서히 사라지고 있었다. 그것은 마치 우르에서의 지난 세월이 끝나감을 알리는 듯했다.

"이 불은 여기서 사라진다. 그러나 새로운 불은 저 길 위에서 다시 타오를 것이다."

그는 마음속으로 그렇게 다짐하며 숨을 고르고, 고개를 들었다. 이어 무리를 향해 손을 들어 올리자, 종들은 분주하던 손길을 멈추었다. 낙타와 나귀들이 낮은 울음을 내며 줄지어 서 있었고, 짐을 실은 수레가 성문 앞에 정돈되었다. 모두의 시선이 아브람에게 향했다.

그 순간, 장막 안에서 낮게 기침 소리가 흘러나왔다.

모두의 시선이 일제히 그쪽을 향했다. 아버지 데라가 지팡이에 몸을 의지한 채 천천히 걸어 나왔다. 밤새 번민한 흔적이 얼굴 가득 드리워져 있었고, 그의 발걸음 하나하나가 마당의 소음을 잠재우듯 무겁게 울렸다. 종들도, 이웃들도, 준비에 분주하던 손길마저 멈춘 채 숨을 죽였다.

순간, 아브람의 가슴이 철렁 내려앉았다. 그토록 존경하던 아버지, 그러나 동시에 자신이 떠나야 할 길을 가장 크게 가로막고 있는 존재. 그의 발걸음은 늙은 아버지의 무게만이 아니라, 가문의 역사와 우르의 번영, 그리고 수많은 시선이 짓누르는 무게처럼 다가왔다.

데라의 모습은 단순한 노인의 출현이 아니었다. 그것은 떠남과 남음 사이에서 마지막으로 결정을 내려야 하는 순간, 모두의 마음을 시험하는 상징적 장면이었다.

데라는 마당 한가운데에 멈춰 서더니, 지팡이에 몸을 기대며 깊은 숨을 내쉬었다. 그의 눈빛은 아들을 꿰뚫듯 바라보고 있었고, 긴 침묵 끝에 무겁게 입술이 열렸다.

"아브람, 어찌하여 눈앞의 번영을 버리고, 알 수 없는 어둠 속으로 나아가려 하느냐?"

"우르는 안전하다. 여기에는 우리를 존경하는 사람들이 있고, 함께 희로애락을 나누는 친척과 이웃들도 있다. 네게는 가문의 이름이 있고, 이 도시에서라면 얼마든지 미래를 세울 기틀도 마련되어 있지 않느냐? 그러나 저 길 위에는 굶주림이 도사리고, 강도의 습격과 생명의 위협이 숨어 있을지도 모른다. 또 언제 무슨 일이 닥칠지 알 수도 없다. 확실한 것을 버리고, 알 수 없는 어둠 속으로 들어가려는 네 마음을 나는 도무지 이해할 수가 없구나"

그의 목소리는 흔들렸지만, 그 속에는 오랜 세월 쌓아 온 아버지의 현실적 지혜와 두려움이 섞여 있었다.

종들은 서로 눈치를 보며 술렁였다. 어떤 이는 고개를 끄떡였고, 또 어떤 이는 불안한 얼굴로 아브람을 바라보았다. 이웃들도 멀찍이 서서 수군거렸다.

"데라가 옳지 않은가?"

"사막길은 죽음의 길이다. 저들은 제정신이 아니다."

그 말에 사래는 고개를 떨구며 손을 움켜쥐었다. 공포가 몰려왔지만, 동시에 남편의 눈빛을 믿고 싶은 마음이 가슴을 흔들었다.

아브람은 잠시 눈을 감았다가, 천천히 아버지를 바라보았다. 그의 목소리는 낮았지만, 가슴 깊은 데서 끌어올린 확신이 담겨 있었다.

"아버지! 맞습니다. 우르는 안전합니다. 여기에는 우리 집이 있고, 친척과 이웃이 있으며, 눈에 보이는 번영과 기회가 있습니다. 그러나 제 마음은 여진히 공허합니다. 이 모든 풍요로움 속에서도, 저는 참된 삶의 의미를 찾지 못했습니다."

"아버지! 눈에 보이는 안전은 우리를 지켜 주는 듯 보이지만, 그것은 흙과 돌처럼 언젠가는 무너질 것들입니다. 그러나 제가 들은 음성은 영원한 분의 부르심이었습니다. 그분은 저를 새로운 땅으로 이끄시겠다고 하셨습니다. 제 이름을 크게 하고, 저와 제 후손을 통해 모든 민족이 복을 얻게 하시겠다고 약속하셨습니다."

"아버지! 저도 두렵습니다. 그러나 두려움보다 더 큰 것은 그분의 부르심입니다. 제가 그 음성을 외면한다면, 제 삶은 영원히 공허 속에 갇히고 말 것입니다."

데라는 그 말을 듣고 눈을 감았다. 그의 내면은 치열했다.

'나는 평생 눈에 보이는 돌과 흙에 의지했다. 그것으로 집을 세우고, 신상을 만들고, 사람들의 눈물을 위로하며 살아왔다. 그러나 결국 내 손에 남은 것은 공허뿐이다. 그런데 내 아들은 나와 다른 무언가를 보고 있다. 그 눈빛 속에는 내가 잃어버린 별빛이 살아있구나.'

그는 눈을 뜨고 아들을 바라보다가, 떨리는 손으로 지팡이를 굳게 움켜쥐며 낮게 탄식했다.

"아브람… 나는 늙었고 두렵다. 그러나 네 눈빛을 보니, 내 가슴 깊은 곳에 잊었던 불씨가 다시 살아나는 것 같구나. 젊은 날, 나도 별빛을 따라가고 싶었던 적이 있었다. 하지만 두려움이 그 길을 막아섰지. 네가 가겠다면… 나도 마지막 힘을 다해 너와 함께 가고 싶다. 내가 보지 못한 길의 끝을, 네 곁에서 함께 보고 싶구나."

그 순간, 사래의 눈가에 눈물이 맺혔다. 종들은 더 이상 수군거리지 않고 숙연히 고개를 숙였다. 아브람은 울컥하는 가슴을 억누르며 아버지의 손을 붙잡았다.

"아버지… 함께 가주신다면, 이 길은 더욱 든든할 것입니다. 우리가 발을 내딛는 그 곳마다, 새로운 역사가 시작될 것입니다."

그때 조카 롯이 한 걸음 앞으로 나서며, 결심에 찬 목소리로 말했다.

"삼촌, 저도 두렵지 않습니다. 비록 길이 험하다 해도, 그 끝에 하나님이 계시다면, 반드시 우리에게 새로운 길이 열릴 것입니다. 저는 끝까지 삼촌을 따르겠습니다."

그의 단호한 말은 긴장으로 굳어 있던 무리의 마음을 풀어주었다. 사막의 바람 속에서 모두의 시선이 하나의 길을 향했다.

이별의 순간은 생각보다 냉정했다. 친척과 이웃들이 몰려와 고개를 저으며 수군거렸다.

"데라와 그의 아들이 미지의 땅을 향해 떠난다 한다."

"부유한 집안이 어찌 스스로 번영을 버린단 말인가?"

사람들 사이에서는 탄식과 조롱이 뒤섞였다. 어떤 이는 비웃으며 손가락질했다.

"별빛을 따라간다지? 허황된 꿈이지. 사막에서 별빛이 양식을 내주나?"

또 다른 이는 한숨을 내쉬며 말했다.

"아니, 저 아브람이 누군가? 존경받는 데라의 아들 아닌가? 그가 떠난다면 이 도시는 큰 기둥을 잃는 것일세."

무리 한쪽에서 친척들이 웅성거리며 다가왔고, 그들 가운데 수염이 희끗한 삼촌이 고개를 저으며 앞으로 나섰다.

"아브람, 네가 제정신이더냐?
네게는 가축과 종들, 금과 은이 있지 않느냐?
이곳에서라면 가문의 이름을 더 크게 세울 수 있다. 그런데 왜 알 수 없는 낯선 곳에 네 목숨을 내던지려 하느냐?"

사촌들은 눈물을 글썽이며 속삭였다.

"정말 돌아올까? 아니면 다시는 못 보는 게 아닐까…"

"별빛을 따라간다는 말이 무슨 뜻일까? 혹시 스스로를 속이는 건 아닌가?"

이웃들은 더 거칠었다.

"우르를 버리는 자들은 우르의 축복도 버리는 자들이다!"
"다시는 돌아오지 마라! 이 도시는 너희를 기다리지 않을 것이다!"

종들은 두려움에 떨며 행렬을 정리했지만, 눈빛에는 흔들림이 가득했다. 사래는 짐을 챙기던 손을 멈추고, 그 모든 소리들을 듣고 있었다. 그녀의 심장은 두려움과 연민, 그리고 설명할 수 없는 희망으로 뒤섞여 있었다.

아브람은 사람들의 조롱과 친척들의 울음, 종들의 불안한 눈빛 속에서 잠시 멈춰 섰다. 그는 깊은 숨을 내쉬며 성벽 위를 올려다 보았다. 수많은 눈동자가 자신을 향해 있었다.

그는 조용히 그러나 단호하게 말했다.

"나는 눈에 보이는 번영을 버리고 떠나는 것이 아니다. 눈에 보이지 않는, 그러나 분명히 살아 계신 분의 부르심을 따르는 것이다. 이 길은 헛되지 않을 것이다."

그의 목소리는 웅성거림 속으로 흘러 들어가 사람들의 마음을 흔들었다. 누군가는 여전히 비웃었지만, 누군가는 떨리는 가슴으로 고개를 돌려 눈물을 훔쳤다.

그때, 사래가 남편의 곁으로 다가와 그의 손을 꼭 잡았다.

"당신의 눈빛은 이미 저 길을 향하고 있어요. 당신이 어디로 가든, 나는 당신과 함께할 거예요. 끝까지 당신 곁을 지킬께요."

아브람은 순간 눈시울이 뜨거워졌다. 그 말은 그 어떤 격려보다도 강했고, 흔들리던 그의 가슴을 단단히 붙들어 주었다.

마침내 데라가 가문의 대표로 앞장서고, 아브람의 확신이 무리를 이끌며 성문을 나섰다. 성벽 위에서 그들을 바라보던 이웃들의 얼굴에는 조롱과 연민, 그리고 알 수 없는 두려움이 뒤섞여 있었다.

그 순간, 우르의 종소리가 무겁게 울려 퍼졌다. 마치 떠나는 이들을 붙잡으려는 듯 길게 메아리쳤다.

아브람은 한번도 뒤돌아보지 않았다. 그의 시선은 이미 도시의 성벽 너머, 별빛이 가리키는 길 위를 향하고 있었다.

길은 길고 험했다. 낮에는 타는 듯한 태양이 머리 위에서 불덩이처럼 내리쬐었고, 뜨거운 모래바람은 눈과 입을 파고들었다. 밤이 되면 사방에서 늑대와 승냥이의 울음소리가 메아리 쳤다. 어린 종들은 공포에 질려 울음을 터뜨렸고, 사래는 그들을 품에 안아 달래주었다.

며칠이 지나자 가죽늘 중 일부가 쓰러졌다. 물과 먹이는 빠르게 줄어들었고, 사람들의 발걸음은 점점 무거워졌다. 종들 가운데 불평이 터져 나왔다.

"우리가 왜 이 길을 가야 합니까? 우르에서는 풍요롭게 살 수 있었는데, 지금은 모래바람뿐입니다."

사람들의 원망이 높아지자 데라는 지팡이를 세차게 내리치며 목소리를 높였다.

"조용히 하라! 아브람이 우리를 이끄는 것은 단순한 고집이 아니다. 나는 아직 그 음성을 듣지 못했으나, 분명한 무엇이 그를 움직이고 있다!"

무리는 잠시 잠잠해졌지만, 그들의 얼굴에는 여전히 불안이 남아 있었다. 아브람은 아버지의 말을 듣고 위로를 얻었으나, 동시에 가숨을 짓누르는 무거운 책임감에 숨이 막힐 듯했다.

'내가 정말 제대로 가고 있는가? 아버지를, 사래를, 롯을, 이 많은 종들을 어디로 이끌고 있는가? 내가 붙든 것은 별빛뿐인데…'

어느 날 저녁, 강가를 따라 걷던 무리 앞에 낯선 무리의 그림자가 나타났다. 거친 옷차림의 유목민 부족이었다. 창과 칼을 든 그들이 아브람의 행렬을 가로막았다.

"길을 지나려면 통행세를 내라!"

우두머리의 거친 목소리가 메아리쳤다.

종들은 두려움에 떨며 뒤로 물러났다. 몇몇은 아브람을 향해 속삭였다.

"우리가 왜 이런 위험을 감수해야 합니까? 우르에 있었다면 이런 일을 당하지 않았을 것입니다."

데라는 지팡이를 움켜쥐며 얼굴을 굳혔다. 그러나 그의 목소리에는 떨림이 스며 있었다.

"아브람아, 보았느냐? 내가 두려워했던 것이 바로 이것이다. 이 길에는 강도의 위협과 죽음이 도사리고 있다. 정말 이 길이 맞느냐?"

아브람은 숨을 고르며 앞으로 나섰다.

"이 길은 내가 선택한 길이 아니라, 하나님께서 부르신 길입니다. 우리가 의지할 분은 돌이나 무기가 아니라, 살아 계신 분이십니다."

순간, 거센 바람이 일어나 모래가 소용돌이쳤다. 유목민들의 눈이 가려지고, 가축들이 놀라 울부짖었다. 혼란에 빠진 그들은 결국 욕설을 내뱉으며 물러섰다.

그날 밤, 무리는 모닥불을 둘러싸고 앉았다. 종들은 여전히 불안했고, 데라는 깊은 주름 속에 근심을 감추지 못했다.

"아브람… 나는 늙었고 두렵다. 내 손에 잡히는 건 모래뿐이구나…"

그가 낮게 중얼거렸다.

아브람은 대답하지 않고 하늘을 올려다보았다. 별빛이 강물 위에 흩어져 은빛 길을 만들고 있었다. 그때 롯이 별을 바라보며 속삭였다.

"삼촌, 하나님께서 우리를 지켜주셨어요. 저 별빛은 사라지지 않잖아요. 저는 무섭지 않습니다."

사래는 남편의 손을 살며시 잡았다.

"여보, 너무 걱정 마세요. 언제나 제가 곁에 있잖아요. 당신은 결코 혼자가 아니에요. 하나님께서 늘 우리와 함께하시고, 또 저 별빛이 우리와 함께 하잖아요"

아브람은 눈시울이 뜨거워졌다. 그 순간 그는 깨달았다. 여정의 고난과 위협은 결코 그들을 무너뜨리기 위한 것이 아니라, 믿음을 단단하게 세우기 위한 시험이라는 것을.

얼마 후, 무리는 마침내 유프라테스 강을 따라 북쪽으로 향했다. 강물은 거대한 뱀처럼 굽이치며 흘렀고, 기름진 땅이 펼쳐졌다. 피곤에 지친 무리에게는 그것이 오아시스 같은 위로였다.

그리고 마침내, 하란에 도착했을 때 모두는 무릎을 꿇고 땅에 손을 짚었다. 긴 여정 끝에 얻은 것은 단순한 안식처가 아니었다. 그것은 믿음으로 걷는 길이 결코 헛되지 않음을 확인한 증거였다.

하란은 유프라테스 강변에 자리한 무역의 중심지로, 우르만큼은 아니어도 활기를 띠는 도시였다. 장터에는 향료와 직물, 곡식과 은이 오갔고, 낙타 행렬이 끊이지 않았다. 물과 초지가 풍부하여 가축을 돌보기에 좋았고, 지친 무리에게는 오아시스 같은 쉼터였다.

데라는 성문 앞에서 걸음을 멈추었다. 그의 얼굴은 긴 여정으로 지쳐 있었고, 숨은 거칠게 몰아쉬었다.

"아브람, 이곳에서 당분간 머물자. 더는 나의 다리가 버티지 못하겠다."

아브람은 아버지를 바라보며 망설였다. 그의 귀에는 여전히 "떠나라, 내가 네게 보여 줄 땅으로 가라"는 음성이 메아리쳤지만, 아버지의 몸은 이미 한계에 다다라 있었다. 사래와 종들 또한 안도의 눈빛을 보내며 머물기를 원했다.

그날 밤, 아브람은 홀로 장막에 무릎을 꿇고 기도했다.

"주여, 왜 우리를 하란에 멈추게 하십니까? 이것이 끝입니까? 아니면, 시작입니까? 제 믿음은 아직 연약합니다. 그러나 주께서 주신 음성을 잊지 않게 붙들어 주십시오."

아브람과 그의 무리는 하란에서 장막을 치고 머물렀다. 그는 우르에서처럼 신상을 만들지도, 장사를 크게 벌이지도 않았다. 대신 가축을 기르고, 장터에서 곡식과 소금을 교역하며 생계를 이어갔다. 사래는 장막을 돌보며 무리의 살림을 꾸렸고, 롯은 젊은 힘으로 가축 떼를 관리했다. 종들은 하란 사람들과 교류하며 새로운 방식으로 살아가는 법을 배워갔다. 그렇게 하란의 삶은 안정을 주었지만, 동시에 머물러도 되는가 하는 질문을 끊임없이 던지게 했다.

겉으로는 평안해 보였으나, 아브람의 마음은 늘 흔들렸다. 밤마다 강가에 나아가 별빛을 바라보며 스스로에게 물었다.

'주여, 이곳이 종착지입니까? 아니면 또 다른 길의 시작입니까?'

세월은 아버지 데라를 점점 약히게 만들었다. 숨은 점점 가빠졌고, 장막 안에 누워 지내는 날이 많아졌다. 어느 날, 그는 아들을 불렀다. 떨리는 손이 아브람의 손을 붙잡았다.

"아브람, 나는 오래 너와 함께하지 못할 것 같구나. 그러나 네가 따르는 길이 헛되지 않음을 안다. 나는 눈에 보이는 신상들을 섬기며 살았지만, 내 마음은 늘 공허했다. 네 눈빛 속에는 내가 알지 못한 참된 빛이 있구나. 내가 끝까지 보지 못하더라도, 너는 반드시 그 길을 가야 한다."

아브람의 눈에 눈물이 맺혔다.

"아버지… 제가 그 길을 이어 가겠습니다. 약속합니다."

그날 밤, 데라는 평안히 눈을 감았다. 아브람은 아버지를 장사지내며 깊은 기도 속에서 새로운 책임을 깨달았다.

"주여, 아버지가 멈춘 그 길을 제가 이어 걷게 해주십시오."

데라의 죽음은 한 세대의 끝이었지만, 동시에 새로운 여정을 여는 신호였다. 하란에서의 삶은 잠시 평안을 주었으나, 아브람의 마음을 완전히 채우지는 못했다. 그는 장막에 살았으나, 그의 영혼은 늘 더 먼 곳을 바라보고 있었다.

세월이 흘러, 어느덧 아브람이 하란에 머문 지도 다섯 해가 되었다. 그는 이곳에서 안정을 얻었으나, 마음은 여전히 채워지지 않았다. 그러던 어느 날 밤, 강가에서 별빛을 바라보던 그의 귀에 분명한 음성이 들려왔다.

"아브람, 너는 네가 살고 있는 땅과, 네가 난 곳과, 너의 아버지의 집을 떠나서, 내가 보여 주는 땅으로 가거라. 내가 너로 큰 민족이 되게 하고, 너에게 복을 주어서, 네가 크게 이름을 떨치게 하겠다. 너는 복의 근원이 될 것이다."

그 순간, 아브람은 온몸이 떨렸다. 별빛은 마치 길처럼 이어져 그의 눈앞에 펼쳐졌고, 가슴 깊은 곳에서 확신이 불타올랐다.

다음 날, 아브람은 사래와 롯, 종들을 불러 모았다.

"주께서 다시 내게 말씀하셨다. 이제 우리는 이곳을 떠나 가나안으로 가야 한다."

사래는 남편의 눈빛을 바라보며 조용히 고개를 끄덕였다.

롯도 결심을 굳히며 대답했다.

"삼촌, 저도 함께하겠습니다. 하나님께서 우리와 함께하시니 길은 헛되지 않을 것입니다."

아브람은 장막 앞에 서서 마지막으로 하란의 풍경을 바라보았다. 장터의 분주한 소리, 가축이 풀을 뜯는 평화로운 모습, 그리고 아버지가 묻힌 땅이 눈에 담겼다. 그러나 그의 발걸음은 이미 더 먼 곳을 향하고 있었다.

하란은 단순한 종착지가 아니었다. 그것은 믿음을 연단하는 자리였고, 새로운 부르심을 준비하는 무대였다. 그리고 이제 그 부르심의 끝은 마침내 '약속의 땅' 가나안을 향하고 있었다.

4.
약속의 땅, 흔들리는 믿음

아침 햇살이 장막 위로 번져 오를 때, 무리의 장막마다 분주한 움직임이 일어났다. 종들은 가축 떼를 몰아 모으고, 여인들은 떡과 물을 꾸려 짐을 챙겼다. 낡은 밧줄이 풀리고, 말뚝이 뽑히며, 하란에서의 세월이 눈앞에서 하나 둘 정리되어 갔다.

사래는 장막 문 앞에 서서 마지막으로 주변을 둘러보았다. 그녀의 눈에는 시아버지 데라가 묻힌 땅과, 익숙해진 장터의 풍경이 스쳐 지나갔다. 그러나 곧 고개를 들어 남편을 바라보았다. 아브람의 얼굴은 긴장으로 굳어 있었지만, 그 눈빛은 확신으로 빛나고 있었다.

롯은 종들을 독려하며 소리쳤다. 그의 목소리에는 젊은 힘과 책임이 담겨 있었다.

"짐을 단단히 묶어라! 길은 멀고, 바람이 거세다!"

이웃 몇몇은 성문까지 따라와 고개를 저었다.

"아브람이 또 길을 나선다네."

"이제는 머물러도 될 텐데, 또다시 어디로 간단 말인가?"

그러나 일부는 눈시울을 붉히며 속삭였다.

"혹시 그들이 말하는 약속의 땅이 정말 있는 것일까?"

아브람은 장막 앞에 서서 깊게 숨을 들이마셨다. 그는 마지막으로 아버지가 묻힌 땅을 돌아보았다. 한 세대의 기억이 고요히 잠들어 있었지만, 그의 발걸음은 이미 더 먼 곳을 향하고 있었다.

"우리는 떠난다."

그의 목소리는 단호했고, 동시에 떨리고 있었다.
사래는 그의 곁으로 다가와 손을 꼭 잡았다.

"여보, 두려워 마세요. 어디로 가든 하나님께서 함께하시잖아요."

아브람은 그녀의 눈빛에서 힘을 얻었다. 긴 행렬이 유프라테스 강변을 따라 서쪽으로 뻗어 나갔다. 수많은 가축 떼, 종들과 아이들, 그리고 그들 모두의 희망이 하나의 강물처럼 이어졌다.

모두의 가슴에는 새로운 시작에 대한 설렘과 두려움이 동시에 뛰고 있었다. 그러나 그 길 위에 분명한 별빛의 인도가 있었다.

며칠을 걸은 끝에, 그들은 마침내 가나안 땅에 들어섰다. 세겜 땅 모레 상수리나무 곁에서 아브람은 걸음을 멈추었다. 그 순간, 그의 귀에 분명한 음성이 울려 퍼졌다.

"내가 이 땅을 네 자손에게 주리라."

아브람은 온몸이 떨리며 무릎을 꿇었다.

"주여, 이곳이 바로 그 땅입니까? 제게 주신 약속의 시작입니까?

저를 부르신 그 음성이 이제 눈앞에서 이루어졌나이다."

사래는 조용히 남편 곁으로 다가와 무릎을 꿇고 그의 떨리는 손을 감싸 쥐었다.

"여보, 이제 알겠지요? 우리가 걸어온 길이 헛되지 않았다는 것을… 하나님께서 정말로 우리를 이곳까지 인도하셨어요."

롯도 곁에 무릎을 꿇으며 감격에 찬 목소리로 외쳤다.

"삼촌, 보세요. 하나님께서 이 땅을 우리 자손에게 주신다고 친히 말씀하셨잖아요? 앞으로 어떤 길이 있더라도 저는 끝까지 함께하겠습니다."

행렬 뒤편에서 지켜보던 종들도 서로를 바라보며 속삭였다.

"정말 신이 그와 함께하시는 게 분명하구나…"

"우르에서부터 따라온 길이 모두 헛되지 않았어…"

그들의 눈빛에는 두려움이 사라지고 새로운 희망이 자리 잡았다. 가나안 땅의 흙 냄새와 바람은 단순한 자연의 향기가 아니었다. 그것은 하나님께서 주신 약속의 증거였고, 새로운 미래가 시작되었음을 알리는 신호였다.

아브람은 돌을 하나씩 모아 제단을 쌓기 시작했다. 거친 손끝은 피로에 젖어 있었지만, 돌마다 믿음의 고백이 새겨지는 듯했다. 제단이 완성되자 그는 장막에서 이끌어온 제물을 올려놓았다.

사래는 물을 가져와 그의 손을 닦아주며 부드럽게 속삭였다.

"오늘 이 제단이 우리가 어디에서 왔고, 어디로 가는지를 잊지 않게 해 줄 거예요."

롯은 제단 곁에 장작을 가지런히 놓으며 고개를 숙였다.

"삼촌, 저는 아직 젊지만, 이 제단을 기억하겠습니다. 하나님께서 우리와 함께하신다는 증거이니까요."

아브람은 불을 붙였다. 불길은 천천히 타올라 제물을 삼켰고, 향기로운 연기가 하늘로 피어올랐다. 무리는 숨죽여 그 장면을 바라보았다. 아이들은 눈을 크게 뜨고 엄마의 치맛자락을 잡았고, 종들은 거친 손을 모아 기도했다. 노인들은 눈물을 흘리며 속삭였다.

"정말 신께서 그와 함께하신다…"

불길은 바람에 흔들리며 별빛처럼 반짝였다. 연기는 하늘로 곧게 올라가, 마치 하나님께서 응답하시는 듯 장엄하게 빛났다.

아브람은 제단 앞에 서서 깊은 숨을 들이마셨다. 그리고 속으로 다짐했다.

"나는 나그네지만, 이 땅은 하나님께서 주신 약속의 터전이다. 언젠가 내 자손이 이곳에서 별처럼 번성하리라."

아브람은 제단 위로 피어오르는 연기를 오래도록 바라보았다. 향기로운 연기는 하늘로 곧게 올라가 별빛과 어우러졌고, 무리의 마음은 깊은 평안과 확신으로 가득 찼다. 그 순간만큼은, 모든 길의 끝이 이곳인 듯 보였다.

그러나 그 평안은 오래가지 않았다. 몇 달이 채 지나지 않아 하늘은 굳게 닫힌 듯 비를 내리지 않았고, 땅은 점점 메말라 갔다. 땅은 갈라지고, 곡식은 이삭을 맺지 못했다. 풀은 누렇게 말라 버렸고, 가축들은 물을 찾아 헤매다 하나 둘 쓰러졌다.

종들이 다급히 장막으로 달려와 아브람 앞에 무릎을 꿇었다. 땀과 먼지로 얼룩진 얼굴에는 절망이 서려 있었다.

"주인님, 우물이 다 말라 버렸습니다!"

"아이들이 굶주림에 울부짖고 있습니다. 더는 버틸 수가 없습니다!"

그들의 음성은 떨렸고, 절규처럼 울려 퍼졌다. 장막 너머에서는 가축들이 목말라 울부짖는 소리가 이어졌고, 어머니들의 품에 안긴 아이들은 기력이 다한 듯 보채며 울음을 그치지 않았다.

아브람은 순간 말을 잃었다. 종들의 눈빛은 살려 달라는 호소였고, 동시에 그에게 내려진 무거운 책임의 증거였다. 그는 차갑게 갈라진 땅을 내려다보다가, 고개를 들어 메마른 하늘을 올려다보았다. 구름 한 점 없는 하늘은 무심하게 그를 내려다보고 있었다.

사래의 눈빛은 날마다 더 무거워졌다. 저녁이면 그녀는 남편 곁에 앉아 조심스레 물었다.

"여보, 정말 이 땅이 약속의 땅이 맞을까요? 하나님께서 우리를 부르셨다 하셨는데… 왜 굶주림이 우리를 덮는 걸까요?"

아브람은 고개를 떨군 채 대답하지 못했다. 짧게 무언가를 말하려 했으나, 목구멍에서 맺힌 말은 끝내 나오지 않았다. 사래의 목소리에는 원망이 아닌 슬픔이 묻어 있었고, 그 눈빛에는 점점 지쳐 가는 마음이 고스란히 담겨 있었다.

잠시 침묵이 흘렀다. 사래는 눈시울을 붉히며 남편의 손등 위에 자기 손을 올렸다.

"여보, 제가 두려운 건 굶주림보다도… 당신이 홀로 짐을 지고 있다는 거예요."

아브람은 그 말에 가슴이 저려왔다. 그는 말없이 사래의 손을 꼭 잡았다. 그 짧은 손길 속에서, 서로의 두려움과 슬픔이 한순간 위로처럼 스며들었다.

그날 밤, 아브람은 장막 앞에 홀로 앉아 하늘을 올려다보았다. 별빛은 여전히 반짝였으나, 메마른 땅 위에서 그 빛은 차갑게만 느껴졌다. 그는 두 손을 무릎 위에 얹고, 떨리는 목소리로 기도했다.

"주여, 정말 이곳이 약속의 땅입니까? 저는 약속을 믿고 떠나왔건만, 굶주림 앞에서 제 믿음은 흔들리고, 제 아내와 종들은 고통 속에 있습니다. 주여, 제 발걸음을 붙들어 주십시오. 저의 두려움 보다 크신 당신을 다시 바라보게 해주십시오."

그는 오랫동안 침묵 속에 머물렀다. 바람이 지나가며 장막 끈을 흔들었고, 메마른 흙냄새가 코끝을 스쳤다. 아브람은 눈을 감고 생각했다.

'나는 약속을 믿고 이 길을 나섰다. 그러나 지금은 두려움과 굶주림이 나를 짓누른다. 그렇다고 멈출 수는 없다. 멈추는 순간, 이 모든 이들이 굶주림 속에 쓰러지고 말 것이다. 비록 내 믿음이 연약하여 흔들리더라도, 다시 일어서야 한다. 주께서 나의 걸음을 붙드시리라.'

그는 천천히 자리에서 일어나 무리 앞에 섰다. 침묵을 깨고 일어선 그의 모습 위로 밤하늘의 별빛이 쏟아져 내렸다. 그 빛은 마치 그의 어깨에 책임의 무게처럼 내려앉았다. 아브람은 깊은 숨을 내쉬더니, 단호한 목소리로 선언했다.

"이 땅은 더 이상 우리를 살리지 못한다. 우리는 애굽으로 내려가야 한다. 그곳에는 나일 강이 흐르고, 아직 양식이 있다. 우리가 살아 남으려면 반드시 떠나야 한다."

사람들 사이에 웅성거림이 일었다. 두려움과 불안이 가득한 눈빛들이 오갔지만, 누구도 그의 말을 부정하지 못했다. 그만큼 굶주림은 이미 모두의 목을 조르고 있었다.

사래는 말없이 그의 곁에 서서 남편을 바라보았다. 그녀의 눈에는 여전히 불안이 어려 있었지만, 동시에 남편의 곁을 끝까지 지키겠다는 결연한 의지가 담겨 있었다.

아브람은 그 시선을 느끼며 가슴이 뭉클해졌다. 그는 눈을 들어 별빛이 가득한 하늘을 바라보며 속으로 다짐했다.

"주여, 연약한 저를 버리지 마십시오. 비록 떨리는 걸음일지라도, 당신께서 이 길에서 저와 함께하시리라 믿습니다."

그의 기도는 고요한 밤공기 속에 스며들었고, 별빛은 더욱 선명하게 빛나며 길 위를 비추고 있었다.

이튿날 새벽, 아브람은 무리를 이끌고 떠날 준비를 시작했다. 종들은 짐을 싸고, 낙타와 나귀에 곡식 자루와 장막을 실었다. 가축들은 야위어 있었지만 마지막 힘을 내어 행렬에 올랐다. 아이들은 어머니 품에 안겨 울음을 터뜨리며 길을 떠났다.

그렇게, 애굽으로 향하는 여정이 시작되었다. 낯선 땅을 향한 행렬은 길고도 무거웠다. 낮에는 타는 듯한 태양이 머리 위를 내리꽂았고, 모래먼지는 발걸음마다 일어나 눈과 귀를 파고들었다. 아이들은 어머니의 품에 안겨 울음을 터뜨렸고, 가축들은 힘겹게 무리를 따라가며 간간이 쓰러졌다.

밤이면 더 깊은 시련이 찾아왔다. 바람은 장막을 흔들었고, 낯선 짐승들의 울음소리는 사람들의 불안을 더했다. 그러나 누구도 멈출 수 없었다. 그들의 발걸음을 떠받친 것은 오직 "살아야 한다"는 절박한 마음이었다.

며칠 뒤, 저 멀리 모래바람 속에서 웅장한 성벽이 실루엣처럼 드러났다. 애굽의 국경이었다. 하란이나 가나안에서 본 성벽과는 차원이 달랐다. 높고 견고한 벽은 사막의 열기 속에서도 위엄 있게 솟아 있었고, 무리의 가슴을 동시에 위축시키고 압도했다.

아브람은 발걸음을 멈추고 성벽을 바라보았다. 두려움과 긴장이 한꺼번에 밀려왔다. 곁에 선 사래를 돌아보니, 그녀는 낯선 땅을 향한 불안 속에서도 꿋꿋하게 서 있었다. 그러나 그녀의 아름다움은 오히려 아브람의 마음을 무겁게 했다.

그는 속으로 중얼거렸다.

"사래여, 당신의 아름다움이 이곳에서는 오히려 우리에게 부담이 될까 두렵소. 만약 애굽 사람들이 당신을 탐한다면… 나는 그들을 막아낼 힘이 없소. 남편으로서 당신을 지켜야 하지만, 지금 내 마음은 두려움에 짓눌려 있소. 당신의 빛이 나의 자랑이자 기쁨인데, 이 땅에서는 그것이 오히려 우리의 위기가 될까 두렵구려."

곁에 서 있던 사래는 말없이 남편을 바라보았다. 그녀는 그의 떨리는 손끝과 굳게 다문 입술에서 깊은 불안이 스며 나오는 것을 느낄 수 있었다. 사래의 눈빛에는 두려움도 있었지만, 동시에 남편을 향한 연민과 의지가 어려 있었다.

그녀는 조용히 손을 내밀어 그의 손등을 감싸며 낮은 목소리로 속삭였다.

"여보, 당신이 두려워하는 걸 알아요. 하지만 두려움 속에서도 제가 곁에 있잖아요. 어디에 있든, 어떤 길을 걷든, 저는 늘 당신과 함께 할 거에요."

아브람은 순간 가슴이 저릿해졌다. 아내의 눈빛 속에서 그는 연약하지만 흔들리지 않는 동행의 힘을 보았다. 그 믿음은 그의 흔들리는 마음에 작은 불빛처럼 스며들어, 잠시나마 두려움을 가라앉혔다.

그는 눈을 감고 깊은 숨을 내쉬며 속으로 기도했다.

"주여, 저를 붙들어 주십시오. 이제 우리가 인간의 힘으로는 감당할 수 없는 땅으로 들어갑니다. 그러나 당신이 지켜 주신다면, 두려움 속에서도 걸어가겠습니다."

멀리서 애굽 병사들의 모습이 점점 또렷해졌다. 창과 방패가 햇빛을 받아 번뜩였고, 말발굽 소리가 땅을 울렸다. 그들의 위용은 무리를 더욱 긴장시켰다. 종들은 서로 눈치를 보며 속삭였고, 아이들은 어머니의 품에 얼굴을 파묻으며 흐느꼈다. 장막을 접고 먼 길을 걸어온 피곤한 얼굴들 위에 공포가 드리워졌다.

아브람은 곁에 선 사래의 손을 살며시 붙잡았다. 그의 손끝에는 차가운 땀이 맺혀 있었고, 목소리는 낮았지만 떨림이 묻어났다.

"이제 곧 애굽의 문을 지나야 하오. 당신의 아름다움이 사람들의 눈에 띄면, 그들이 나를 해치고 당신을 빼앗으려 할지도 모르오. 부디… 당신을 내 누이라 말해 주시오. 그렇게 해야 내가 살고, 당신도 무사할 수 있소."

사래는 한동안 남편을 바라보았다. 눈빛 속에는 두려움과 슬픔이 교차했지만, 그 깊은 곳에는 여전히 남편과 함께하겠다는 의지가 있었다. 그녀는 입술을 꼭 다물고 있다가 마침내 조용히 고개를 끄덕였다.

"당신의 두려움을 이해해요. 저도 두렵지만, 그 두려움을 함께 짊어지며, 우리 가족을 지켜내고 싶어요"

아브람의 가슴은 순간 뜨겁게 저며왔다. 아내를 지켜야 할 남편이 오히려 아내의 입술에 의지해야 하는 현실. 그는 그 아이러니 앞에서 깊은 부끄러움과 안타까움을 삼켜야 했다. 그러나 지금은, 살아남아야 했다.

마침내, 그들의 행렬은 애굽의 성문 앞에 다다랐다. 거대한 문은 천천히 열리고 있었고, 그 너머로 낯선 세상의 빛과 소음이 물결처럼 흘러나오고 있었다.

성문이 활짝 열리자, 애굽의 웅장한 도시 풍경이 눈앞에 펼쳐졌다. 돌로 빚어진 건축물들은 하늘을 찌를 듯 높았고, 곳곳에 새겨진 형상들은 이방 신들의 위엄을 과시하고 있었다. 시장은 사람들로 붐볐고, 낯선 언어와 짐승들의 울음, 북소리와 피리 소리가 뒤섞여 요란했다.

아브람의 무리가 성 안으로 들어서자 사람들의 시선이 한꺼번에 몰렸다. 먼 여정의 먼지를 뒤집어쓴 무리였지만, 그중에서도 사래의 모습은 단연 눈부셨다. 그녀의 얼굴은 고된 길에도 불구하고 빛났고, 고개를 들었을 때의 눈빛과 품위는 이방 사람들에게조차 신비롭게 다가왔다.

몇몇 관리들이 서로를 바라보며 낮게 속삭였다.

"저 여인을 보았는가? 이방 여인인데도 왕궁의 여인들보다 아름답다."

"바로에게 보고해야겠다."

아브람은 그들의 시선을 느끼자 가슴이 철렁 내려앉았다. 그는 손에 힘을 주어 사래의 손을 더욱 세게 붙잡았다. 그러나 그 불안은 곧 현실이 되었다. 얼마 지나지 않아 애굽 관리들이 다가와 물었다.

"저 여인은 누구냐?"

아브람은 심장이 쿵쿵 뛰었다. 목구멍이 타들어 가는 듯했지만, 이미 다짐한 대로 대답했다.

"내… 내 누이입니다."

그 순간, 사래의 얼굴에 스친 놀람은 곧 억눌린 침묵으로 바뀌었다. 관리들은 지체 없이 그녀를 궁으로 데려갔다. 사래는 발걸음을 옮기면서도 남편을 돌아보았으나, 이미 저항할 수 없었다. 그녀의 눈빛에는 두려움이 어려 있었고, 아브람의 가슴은 찢어지는 듯했다.

대신 아브람의 손에는 양과 소, 노비와 많은 재물이 쥐어졌다. 겉으로는 소유가 늘어난 것처럼 보였지만, 그의 마음은 무너져 내렸다. 장막 안에 홀로 앉은 그는 얼굴을 두 손으로 감싸쥐고 흐느꼈다.

"주여… 저는 아내를 지켜야 할 남편이건만, 두려움 앞에서 거짓을 택했습니다. 제 믿음은 너무도 연약합니다. 사랑을 지켜야 할 손으로 오히려 사랑을 잃었습니다."

그의 기도는 밤을 가르며 메아리쳤다.

그때, 애굽 궁 안에서 알 수 없는 재앙이 시작되었다. 원인 모를 병이 퍼지고, 불안이 왕궁 전체를 뒤덮었다. 사래 곁을 지키던 여인들마저 공포에 질려 떨며 속수무책으로 쓰러졌다. 왕궁은 순식간에 혼란에 빠졌다. 제사장들이 신상 앞에 향을 피웠으나 불길은 곧 꺼졌고, 기도에는 응답이 없었다. 병사들까지 하나둘 쓰러지자, 바로의 얼굴이 굳어졌다.

"이것은 우연이 아니다… 저 이방 여인을 데려온 날 이후로 모든 것이 시작되었다."

그의 눈빛은 번개처럼 날카로워졌다.

"그 남자, 아브람을 당장 불러오라! 진실을 밝히지 않으면 이 재앙은 멈추지 않을 것이다."

아브람은 군사들에게 이끌려 전각으로 들어갔다. 돌기둥이 늘어선 웅장한 궁 안, 왕좌 위의 바로는 분노와 불안으로 일그러져 있었다.

"아브람!"

바로가 포효했다.

"네가 어찌하여 나를 속였느냐?
저 여인이 네 아내라는 것을 왜 숨겼느냐?
내가 그녀를 취했다면, 이 재앙은 내 나라를 무너뜨릴 뻔하지 않았느냐!"

궁은 한순간 숨소리조차 멈춘 듯 고요해졌다. 관리들과 병사들이 숨을 죽이고 왕과 아브람을 번갈아 바라보았다.

아브람은 고개를 숙였다. 그의 입술은 바짝 말라붙었고, 어깨는 무겁게 떨리고 있었다.

"저는… 두려웠습니다. 사람들이 아내의 아름다움을 보고 저를 죽일까 두려웠습니다. 그래서 거짓말을 했습니다. 그러나… 잘못했습니다. 사래는 제 아내요, 제 삶과도 같은 사람입니다."

바로는 이를 악물며 한동안 아브람을 노려보다가, 마침내 크게 손을 내저었다.

"네 아내를 데려가라! 그리고 이 땅을 당장 떠나라. 다시는 내 눈앞에 나타나지 마라. 네가 우리를 속였듯, 이 재앙도 네 발걸음과 함께 떠나기를 바란다!"

아브람은 더 이상 변명하지 않았다. 그는 사래를 향해 다가가, 그녀의 손을 꼭 붙잡았다. 사래의 눈에는 눈물이 고여 있었지만, 남편을 다시 만난 안도의 빛이 번졌다.

그 순간, 아브람의 가슴은 찢어지는 듯 아팠다. 아내를 지켜야 할 남편으로서 거짓에 무너졌던 자신을 떠올리며, 그는 마음속 깊이 기도했다.

"주여, 저는 연약합니다. 그러나 당신은 저를 버리지 않으셨습니다. 저를 넘어뜨린 자리에서도 다시 일으켜 세우셨습니다. 이제 제 걸음을 다시 당신께 드립니다."

바로의 명령은 번개처럼 퍼져 나갔다. 병사들은 서둘러 아브람의 무리를 성문 밖으로 인도했다. 그들에게 억지로 빼앗은 것은 없었지만, 대신 양과 소, 노비와 많은 재물이 함께 주어졌다. 겉으로는 풍성해진 듯 보였으나, 아브람의 마음은 무거웠다.

그는 침묵 속에서 고개를 떨군 채 걸었다. 사라는 팔짱을 낀 채 따라가고 있었지만, 그녀의 눈빛에는 여전히 지울 수 없는 두려움과

슬픔이 어려 있었다. 종들은 수군거렸다.

"우리가 많은 것을 얻었지만… 주인님의 얼굴은 왜 저리 어두운가?"

"재물은 늘었어도, 그의 마음은 줄어든 것 같구나."

아브람은 대꾸하지 않았다. 그저 고개를 떨군 채 발걸음을 옮겼다. 성문이 닫히는 소리가 뒤에서 울려 퍼질 때, 그는 멈추어 섰다. 깊은 숨을 내쉬며 고개를 들어 하늘을 올려다보았다. 광활한 사막 위로 별빛이 쏟아지고 있었다.

그는 속으로 조용히 기도했다.

"주여, 저는 아내를 지켜야 할 남편이건만, 두려움 앞에서 무너졌습니다. 그러나 당신은 저를 버리지 않으시고, 사래를 지켜 주셨습니다. 제 거짓과 실패에도 불구하고 은혜를 베푸신 당신께 감사드립니다. 넘어져도 다시 일어나는 믿음의 길을 걷게 해주십시요."

별빛은 그의 눈가에 눈물처럼 반짝였다. 그것은 단순한 빛이 아니었다. 넘어져도 다시 일어서는 길, 아직 끝나지 않은 약속의 길을 향한 표지였다. 아브람은 사래의 손을 다시 꼭 잡았다. 그리고 굳은 목소리로 속삭였다.

"우리는 다시 걸어야 하오. 아직 끝나지 않았소. 약속은 여전히 우리를 기다리고 있소."

사래는 남편을 바라보며 조용히 고개를 끄덕였다. 두 사람의 그림자는 사막 모래 위에 길게 드리워졌고, 별빛은 그 길을 끝까지 비추고 있었다.

5.
롯과의 갈림길

애굽을 떠난 아브람의 무리는 사막의 바람을 등지고 다시 북쪽으로 길을 잡았다. 애굽 병사들로부터 벗어나자, 모두가 안도의 숨을 내쉬었다.

하지만 아브람의 얼굴에는 여전히 그늘이 드리워져 있었다. 그가 붙잡은 사래의 손에는 힘이 실려 있었지만, 그 마음은 깊은 부끄러움과 회한으로 짓눌려 있었다. 그의 눈길은 앞으로 나아갔지만, 가슴 한편에서는 '내 선택이 옳았는가' 하는 자책이 끊임없이 일어나고 있었다.

뒤에서 행렬을 따르던 젊은 롯은 번쩍이는 태양을 가리며 눈을 찡그렸다. 애굽에서 얻은 가축과 종들, 재물이 무리의 짐을 두 배로 늘렸고, 긴 행렬은 더욱 장대해졌다.

사람들은 서로 속삭였다.

"우리가 고생 끝에 많은 것을 얻었구나."

"이제 우리는 더 번영할 수 있을 거야."

그러나 풍요는 곧 새로운 긴장을 불러왔다. 가축들은 한정된 풀과 물을 두고 서로 부딪혔고, 목자들은 날마다 다투었다. 아브람의 목자들과 롯의 목자들 사이에 오가는 고성이 점점 잦아졌다.

어느 날 해질 무렵, 들판에서 양들이 서로 부딪히며 흙먼지를 일으켰다. 목자들이 돌을 집어 던지며 소리를 질렀고, 결국 주먹다짐이 벌어졌다.

"이 풀밭은 우리 주인 롯의 양을 위한 것이다!"

"아니다! 아브람 주인님의 소 떼가 먼저 차지했다!"

싸움은 걷잡을 수 없이 커졌다. 그 광경을 지켜본 아브람은 깊은 한숨을 내쉬며 속으로 중얼거렸다.

'우리가 믿음으로 떠나 여기까지 왔건만, 이제는 풍요가 오히려 우리를 나누는구나.'

그는 밤마다 뒤척이며 스스로를 책망했다. 답을 찾을 수 없는 물음이 가슴을 짓눌렀다. 그럴 때마다 그는 장막 안에 홀로 앉아, 하나님께 답을 구하며 기도했다.

"주여, 롯은 제 조카이지만 제게는 아들 같고, 형제와도 같은 존재입니다. 그런데 이제 재물이 우리 사이를 갈라놓고 있습니다. 제가 어떻게 해야 하겠습니까?"

사래도 남편을 걱정하며 말했다.

"당신은 늘 넓은 마음으로 참아왔지요. 하지만 요즘 종들 싸움이 점점 심해져서 제 마음이 불안해요. 이러다가는 우리 집안이 갈라질까 두려워요."

사래의 눈가에는 오래된 상처가 번졌다.

'우리에게 자식이 있었다면…'

그녀는 마음속으로 중얼거렸다. 롯은 단순한 조카가 아니라, 허전한 마음의 빈자리를 채워 준 아들 같은 존재였다. 그래서 그를 잃을까 하는 두려움은 더욱 컸다.

아브람은 아내의 손을 가만히 잡으며 낮게 대답했다.

"그래요. 사래, 나도 잘 알고 있소. 그래서 더 머뭇거릴 수 없소. 이제는 결정을 내려야 할 때요."

어느 날, 아브람은 롯을 불러 조용히 말했다.

"롯, 우리 사이에 다툼이 있어서는 안 된다. 우리는 한 피붙이가 아니냐? 내 목자와 네 목자 사이에 다툼이 이는 것은 옳지 않다."

아브람은 손을 뻗어 동서남북을 가리켰다.

"보아라, 땅이 넓지 않으냐? 네가 좌하면 나는 우하고, 네가 우하면 나는 좌하겠다. 선택은 네가 하여라."

롯은 삼촌의 눈을 바라보다가 이내 시선을 멀리 돌렸다. 요단 들이 눈앞에 펼쳐져 있었다. 물은 나일강처럼 풍요롭게 흐르고, 푸른 초장은 끝없이 이어졌다. 사람들은 그곳을 '여호와의 동산 같다'고 불렀다. 그러나 그 끝에는 소돔과 고모라라는 음란한 도시가 자리하고 있었다. 롯의 눈빛은 흔들렸다.

'삼촌과 함께 있으면 안전하다. 그러나 저 들판은 내 가문을 부강하게 만들 것이다.'

그는 스스로를 설득했지만, 마음속 한구석에서는 알 수 없는 불안이 피어올랐다.

"삼촌, 저는 요단 들을 택하겠습니다. 저곳은 물이 풍부하고 땅이 기름져, 우리 가족과 가축들에게 가장 좋은 땅이 될 것입니다."

아브람은 잠시 그를 바라보다가 조용히 고개를 끄덕였다.

"좋다. 그러면 나는 남은 땅으로 가겠다. 네가 평안히 살기를 바란다."

그러나 그의 눈빛 깊은 곳에는 지울 수 없는 쓸쓸함이 어려 있었다. 그는 마음속으로 '아들처럼 여긴 조카를 떠나보내는 것이 맞는 일인가?' 하는 질문을 삼켰다.

사래는 남편 곁에서 롯을 바라보다가, 그 선택의 무게를 느끼며 눈을 떨구었다.

롯의 무리가 요단 계곡으로 향하자, 아브람은 멀어져 가는 행렬을 한참 동안 바라보았다. 먼지가 일며 사라져 가는 발자국은 마치 한 시대의 끝을 알리는 듯했다.

사래는 남편의 어깨에 손을 얹으며 낮게 속삭였다.

"그 아이… 아니, 롯도 결국은 자기 길을 가는군요."

그날 밤, 아브람은 장막 앞에 홀로 서서 별빛을 바라보았다. 메마른 들판 위로 쏟아지는 빛은 고요했지만, 그의 마음은 흔들리고 있었다.

'나는 옳은 길을 택한 것인가? 눈앞의 풍요를 버린 선택이 결국 헛된 것은 아닐까?' 두려움은 그의 가슴을 파고들었다.

그때 하나님의 음성이 들려왔다.

"아브람, 눈을 들어 네가 있는 곳에서 동서남북을 바라보라. 보이는 땅을 내가 너와 네 자손에게 주리라. 네 자손이 땅의 티끌 같으리니, 사람이 땅의 티끌을 셀 수 있을진대 네 자손도 세리라."

아브람은 무릎을 꿇고 기도했다.

"주여, 저는 눈앞의 풍요를 버렸습니다. 그러나 당신의 약속을 붙듭니다. 제 길이 비록 험해 보여도 당신의 말씀 위에 서겠습니다."

밤하늘의 별빛은 유난히 밝게 빛났다. 그 빛은 마치 속삭이는 듯 아브라함의 가슴을 비추었다.

"아브람, 두려워하지 말라. 내가 너와 함께하리라."

아브람은 떨리는 숨을 고르며 눈을 감았다. 그의 길은 여전히 불확실했지만, 그 길 위에 혼자가 아님을 그는 확신했다.

6.
전쟁과 롯 구출

롯은 요단 평지를 택한 뒤 빠르게 자리를 잡았다. 기름진 땅은 가축 떼를 번성하게 했고, 소돔 성과 가까워 물자도 풍부했다.

사람들은 롯을 부러워하며 말했다.

"아브람은 척박한 산지를 택했지만, 롯은 현명한 선택을 했다."

그러나 그것은 겉모습뿐이었다. 그 땅은 평화로워 보였으나 불안이 감돌았다. 다섯 도시의 왕들은 자주 다투었고, 북쪽의 강대한 동방 왕들은 때마다 세금을 요구하며 그 땅을 위협했다. 롯의 장막 곁에는 언제나 불안한 그림자가 드리워져 있었다.

아브람은 멀리서 소식을 들을 때마다 가슴이 무거웠다.

'롯아, 네가 택한 길이 기름져 보였을지라도, 그 끝은 평안하지 않구나.'

결국 두려움은 현실이 되었다. 강대한 동방의 네 왕이 쳐들어와 소돔과 고모라를 무너뜨렸다. 사람들은 약탈당했고, 포로로 끌려갔다. 롯과 그의 가족도 그 무리에 묶여 먼 길로 사라졌다.

그 소식은 곧 아브람의 장막에 전해졌다. 피투성이로 도망쳐 온 자가 헐떡이며 달려와 외쳤다.

"주인님! 롯이… 롯과 그의 집안이 모두 잡혀갔습니다! 그들이 동방 왕들의 포로가 되었습니다!"

아브람의 가슴이 철렁 내려앉았다. 떠나던 날, 욕망 어린 눈빛으로 요단 평지를 바라보던 롯의 얼굴이 떠올랐다. 그 선택이 결국 재앙으로 이어진 것이다.

그러나 그는 단 한순간도 망설이지 않았다.

"종들을 모아라. 우리가 롯을 구하러 간다."

318명의 종이 무기를 들고 모였다. 왕들의 군대와 비교하면 보잘것 없는 숫자였다. 종들은 불안해하며 수군거렸다.

"저들은 수천 명의 전사들인데, 우리가 어찌 감당할 수 있단 말인가?" "우리는 목자들일 뿐인데…"

젊은 종 엘리에셀은 떨리는 손으로 칼을 움켜쥐었다. 그는 아브람을 올려다보며 속삭였다.

"주인님, 저희가 할 수 있을까요?"

아브람은 그의 어깨를 붙잡으며 조용히 대답했다.

"두려워하지 말라. 하나님께서 우리와 함께하신다."

그때 사래가 아브람의 손을 붙잡았다. 떨리는 목소리에 두려움이 묻어났다.

"당신, 너무 무모한 건 아닌가요? 그들은 강대한 군대입니다. 당신과 우리 모두가 위태로울 수 있어요."

아브람은 그녀의 손을 감싸 쥐며 담담히 대답했다.

"사래, 나도 두렵소. 그러나 롯은 내 조카요, 우리의 피붙이오. 가족을 외면하는 믿음은 참된 믿음이 아니오. 하나님께서 우리를 지켜 주실 것이오."

그의 눈빛에는 두려움과 동시에 흔들림 없는 결단이 서려 있었다. 종들은 주인의 결단 앞에 더 이상 반박하지 못했다.

밤이 되자, 아브람은 종들을 세 부대로 나누어 적진을 기습했다. 달빛이 구름에 가려 칠흑 같은 어둠이 그들을 숨겨주었다. 목자 출신의 종들은 어둠 속에서 조용히 움직이는 법을 알고 있었.

적군은 전리품을 나누며 밤새 술에 취해 방심해 있었다. 그 순간, 아브람의 외침이 어둠을 갈랐다

"롯을 구하라!"

어둠 속을 가르며 숨죽인 채 달리던 종들의 발걸음이 흙먼지와 함께 퍼져 나갔다. 순간, 돌 하나가 번개처럼 날아가 적장의 이마를 강타했다. 그는 신음조차 내지 못한 채 쓰러졌고, 그 둔탁한 충격음은 진영을 요동치게 했다.

쇳소리와 비명이 동시에 터져 나왔다. 불빛이 흔들리며 그림자가 요동쳤고, 놀란 가축들이 울부짖으며 사슬을 끊고 날뛰자, 진영은 삽시간에 아수라장이 되었다.

숫자는 턱없이 부족했지만, 종들은 어둠 속에서 목자처럼 재빠르고 민첩했다. 어떤 이는 칼을 휘두르며, 또 다른 이는 돌을 던지며,

파도처럼 연달아 몰아쳤다. 기습의 파도는 거침없이 진영을 덮쳤고, 적들은 허를 찔린 채 우왕좌왕했다.

하지만, 잠시 후 정신을 차린 적들이 힘을 모아 우렁찬 함성을 터뜨리자, 종들의 심장은 얼어붙었다. 이어 동료 몇이 피를 흘리며 쓰러지자, 두려움은 파도처럼 밀려와 무리의 가슴을 옥죄었다. 그 순간 그들의 눈 앞에는 패배의 그림자가 드리워지는 듯했다.

그때, 어둠을 가르는 아브라함의 목소리가 번개처럼 울려 퍼졌다.

"두려워 말라! 하나님께서 우리와 함께하신다!"

그 함성은 절망의 사슬을 끊어내는 칼날 같았다. 무너져가던 종들의 심장이 다시 불타올랐고, 흔들리던 발걸음은 땅을 힘차게 내디뎠다. 종들은 다시 칼을 높이 들고, 일제히 적을 향해 달려들었다.

적군은 우왕좌왕하며 무너졌다. 공포에 질린 자들이 달아나자, 남은 자들도 줄줄이 무너져 내렸다.

포로들 가운데 묶여 있던 롯이 아브라함을 향해 울부짖었다.

"삼촌!"

아브람은 뛰어가 그를 끌어안았다.

"네가 잘못된 길을 택했을지라도, 나는 너를 버릴 수 없다."

새벽이 밝을 무렵, 전쟁은 끝났다. 롯과 그의 가족, 그리고 약탈당한 사람들과 재물 모두를 되찾았다. 피투성이가 된 종들이 지친 몸을 일으키며 외쳤다.

"우리가 이겼다! 하나님께서 우리를 이기게 하셨다!"

돌아오는 길에 살렘 왕 멜기세덱이 떡과 포도주를 들고 나와 아브람을 맞았다. 그는 지극히 높으신 하나님의 제사장이었다.

"천지의 주재, 지극히 높으신 하나님이 아브람에게 복을 주시기를 원하노라. 네 대적을 네 손에 붙이신 이는 하나님이시다."

아브람은 무릎을 꿇고 전리품의 십분의 일을 그에게 드렸다. 승리가 자신에게서 난 것이 아니라, 하나님께로부터 온 것임을 고백한 것이다.

잠시 후, 소돔 왕이 다가왔다.

"사람들은 돌려보내라. 그러나 재물은 네가 가지라."

아브람은 단호히 거절했다.

"내가 네 소유에서 실 한 오라기, 신발끈 하나라도 가지지 않겠다. 사람들이 '아브람이 소돔 왕 덕에 부자가 되었다' 하지 않게 하겠다. 나의 부는 오직 하나님께로부터 오리라."

그날 밤, 아브람은 장막에 돌아와 하늘을 바라보았다.

별빛은 고요히 그의 얼굴 위로 쏟아졌다. 바람은 여전히 전쟁의 냄새를 품고 있었으나, 그의 가슴에는 평안이 깃들었다.

그는 속삭였다.

"주여, 저는 작은 자이나, 당신의 손이 저와 함께하셨습니다. 사람의 눈에는 무모한 싸움이었으나, 당신의 눈에는 의로운 전쟁이었습니다."

별빛은 더욱 밝게 빛났고, 아브람은 전쟁터의 용사가 아니라, 믿음의 전쟁에서 승리한 하나님의 사람으로 서 있었다.

7.
별빛 언약

전쟁은 끝났다. 사람들은 환호했고, 되찾은 재물과 가족을 끌어 안으며 기뻐했다. 종들의 노랫소리는 장막마다 메아리쳤다. 그러나 그 기쁨의 물결 한가운데서, 아브라함의 얼굴에는 깊은 그늘이 드리워져 있었다.

장막 안, 그는 홀로 앉아 있었다. 칼과 갑옷은 구석에 던져져 있었으나, 그의 마음은 여전히 싸움터에서 돌아오지 못한 듯 무겁게 머물렀다.

'승리했으나… 나는 여전히 공허하다. 내 집은 가득하지만, 내 가슴은 비어 있다. 가축은 늘어나고 종은 많아졌다 해도, 내 뒤를 이을 아들이 없다면, 내 이름은 바람처럼 흩어지고 말리라.'

"나는 전쟁에서 이겼으나, 내 안의 싸움은 여전히 끝나지 않았다. 재산과 명예가 쌓여도, 나를 이어갈 아이가 없다면, 내 삶은 허공에 흩날리는 먼지와 다를 바 없지 않은가."

그 순간 사래가 조용히 다가와 곁에 앉았다.

"여보, 당신은 왜 웃지 않으세요?

모두가 기뻐하는데, 당신만은 근심 속에 있군요."

아브라함은 대답 대신 한숨을 내쉬었다. 잠시 후 낮은 목소리가 흘러나왔다.

"사래, 우리의 장막은 크고 풍성하지만… 후손이 없다는 사실이 나를 짓누르고 있소. 승리조차 내 마음을 채워주지 못하오."

사래는 남편의 고백을 듣고 고개를 돌렸다. 그녀의 눈빛은 하늘을 향했지만, 눈은 땅에 머물러 있었다.

'나는 그 약속을 이루어 줄 수 없는 여인이다…'라는 절망이 그녀의 가슴을 파고들었다.

그날 밤, 아브람은 잠을 이루지 못하고 장막 밖으로 걸어 나왔다. 사막의 고요가 전쟁의 함성을 삼켜 버린 듯, 광야는 적막했다. 그는 무릎을 꿇고 두 손을 파묻으며 울부짖었다.

"주여, 주께서 저를 강한 자들의 손에서 구원하셨으나 제게는 아들이 없습니다. 다메섹 사람 엘리에셀이 내 집의 상속자가 되겠지요. 저에게는 후손이 없습니다."

그 순간, 그의 영혼을 울리는 하나님의 음성이 들려왔다.

"아브람… 두려워하지 말아라. 나는 너의 방패다. 네가 받을 보상이 매우 크다."

아브람은 눈을 감았다. 위로의 말씀이었지만, 그의 마음속 깊은 갈망은 멈추지 않았다.

"주여, 당신께서 저에게 무슨 보상을 주려 하십니까? 제게는 아직 아들이 없습니다. 상속자가 없다면 제 삶은 허무할 뿐입니다."

그러자 하나님의 음성이 다시 울렸다.

"그 아이는 너의 상속자가 아니다. 너의 몸에서 태어날 아들이 너의 상속자가 될 것이다."

하나님의 손길이 그를 이끄시는 듯, 아브람은 장막 밖으로 나와 고개를 들었다. 광야의 밤하늘은 검은 비단 위에 흩뿌려진 보석처럼 별들로 가득했다. 별빛은 눈부신 강물처럼 쏟아져 내렸고, 그의 눈동자에 수천 갈래의 불빛이 비쳤다. 그 순간 아브라함은 자신이 끝없는 하늘의 일부가 된 듯, 두려움과 경외로 몸을 떨었다.

"하늘을 쳐다보아라. 네가 셀 수 있거든, 저 별들을 세어 보아라. 너의 자손이 저 별처럼 많아질 것이다."

아브람의 입술이 떨렸다.

"하나… 둘… 셋…"

그러나 곧 포기하고 무릎에 얼굴을 묻었다.

"셀 수 없습니다, 주여. 그러나 믿겠습니다. 셀 수 없는 이 별처럼, 셀 수 없는 자손을 주신다는 그 약속을 믿겠습니다."

그 고백은 단순한 말이 아니었다. 그것은 그의 영혼이 온전히 하나님께 붙들린 순간이었고, 그 믿음은 그의 삶을 새롭게 바꾸어 놓았다.

그날 밤, 하나님께서는 아브람과 언약을 맺으셨다.

아브람은 삼 년 된 암송아지 한 마리와 삼 년 된 암염소 한 마리, 삼 년 된 숫양 한 마리의 몸통 가운데를 쪼개고, 산비둘기 한 마리와 집비둘기 한 마리는 쪼개지 않은 채 제단 위에 두었다.

솔개들이 제물의 위에 내려왔으나, 아브람이 쫓아 버렸다.

해가 질 무렵, 어둠이 광야를 삼켰고, 짙은 두려움이 그의 온몸을 휘감았다.

그때, 연기 나는 화덕과 타오르는 횃불이 나타나, 쪼개 놓은 제물 사이로 지나갔다. 마치 하늘의 빈개가 땅으로 내려온 듯, 언약은 피와 불로 새겨졌다.

하나님의 음성이 울렸다.

"너는 분명히 알고 있거라. 너의 자손이 다른 나라에서 나그네 살이를 하다가, 마침내 종이 되어서, 사백 년 동안 괴로움을 받을 것이다. 그러나 너의 자손을 종살이하게 한 그 나라를 내가 반드시 벌할 것이며, 그 다음에 너의 자손이 재물을 많이 가지고 나올 것이다."

"그러나 너는 오래오래 살다가, 고이 잠들어 묻힐 것이다. 너의 자손은 사대째가 되어서야 이 땅으로 돌아올 것이다. 아모리 사람들의 죄가 아직 벌을 받을 만큼 이르지는 않았기 때문이다."

아브람은 땅에 엎드려 눈물을 흘렸다. 그의 눈물은 별빛에 비쳐 영롱하게 빛났다.

"주여, 당신의 말씀을 제 마음에 새기겠습니다. 별빛이 사라지지 않는 것처럼, 당신의 약속도 영원히 사라지지 않을 것입니다."

그날 밤, 아브람의 장막은 예전과 다를 바 없었다. 그러나 그의 마음은 완전히 달라져 있었다. 이제 그는 더 이상 허전함에 매이지 않았다. 하나님의 언약이 그의 영혼을 가득 채우고 있었기 때문이었다.

아브람은 별빛 언약을 붙들며 위로를 얻었지만, 세월은 기다려 주지 않았다. 밤마다 별을 바라보며 믿음을 고백했지만, 장막안의 공허는 여전히 메아리쳤다.

그의 눈빛이 하늘의 약속을 좇을수록, 사래의 눈에는 땅 위의 현실이 더 선명히 다가왔다. 별빛은 희망을 비췄으나, 불임의 그림자는 여인의 마음에 더 깊은 상처를 남겼다.

그리고 마침내, 사래의 입술에서 한 이름이 흘러나왔다.

"하갈."

그 이름은 단지 한 여종의 이름이 아니라, 언약을 기다리지 못한 인간의 조급함이 선택한 길이었다.

8.
사래와 하갈

아브람과 사래는 여전히 가나안 땅에 장막을 치고 살고 있었다. 하나님께서 별빛처럼 많은 자손을 약속하셨지만, 세월은 속절없이 흘러갔다. 계절은 수없이 바뀌었고, 가축은 번성했으며 종들도 늘어났다.

그러나 장막 안에는 여전히 아이의 울음소리가 없었다.

사래는 매년 흘러가는 세월을 바라보며 깊은 한숨을 내쉬었다. 머리에는 은빛이 스며들었고, 젊음은 사라졌다. 웃음을 짓는 날보다 눈을 감고 홀로 눈물을 훔치는 날이 많았다. 다른 여인들의 품에서 울음을 터뜨리는 아기 소리는 그녀에게 축복이 아니라, 가슴을 도려내는 칼날처럼 다가왔다.

그녀는 밤마다 하나님께 속삭였다.

"주여, 별빛은 여전히 찬란히 빛나는데, 제 품은 왜 이렇게 어두운가요? 하늘가득 빛나는 약속이 눈앞에 쏟아지는데, 제 가슴은 텅 빈 항아리처럼 메아리만 칩니다. 빛은 있는데, 열매는 없습니다. 소망은 있는데, 현실은 허전합니다. 이 빛과 이 공허 사이에서, 저는 어디에 서야 합니까?"

어느 날 밤, 사래는 모닥불 곁에서 남편을 바라보다가 조심스럽게 입을 열었다.

"여보, 하나님께서 자손을 약속하신 건 나도 알아요. 하지만 나는 날마다 늙어 가고 있고… 더는 아이를 품을 수 없다는 걸 잘 아시잖아요. 혹시 그 약속이, 내 몸이 아니라 다른 길로 이루어져야 하는 건 아닐까요?"

아브람은 말없이 아내를 바라보았다. 그의 눈빛에는 사랑과 연민이 담겨 있었지만, 대답은 쉽지 않았다.

"사래, 하나님께서 분명히 말씀하셨소. 그러나 그분의 때와 방법은 나도 알지 못하오."

사래는 시선을 피하며 떨리는 목소리로 낮게 속삭였다.

"당신 몸에서 난 자라고 하셨잖아요. 그렇다면… 내 여종 하갈이 있어요. 젊고 건강한 아이예요. 그녀를 통해 아들을 얻으세요. 어쩌면 그것이 하나님의 뜻을 이루는 길일지도 몰라요."

그 말이 떨어지는 순간, 사래의 심장은 찢어지는 듯 아팠다. 사랑하는 남편을 다른 여인에게 내어주는 결단이 얼마나 무거운지 그녀 자신이 누구보다 잘 알았다. 그러나 불임의 굴레는 그녀의 자존심과 희망을 모두 앗아갔고, 결국 그것은 사랑이 아니라 절망이 내뱉은 선택이었다.

아브라함은 깊은 갈등 속에서 오래 침묵했다. 그러나 아내의 눈물 앞에서 그는 마침내 고개를 끄덕였다.

하갈은 이집트 출신의 젊은 여종이었다. 그녀는 놀란 눈빛으로 상황을 받아들였지만, 주인의 명령을 거부할 수 없었다. 그녀의 삶은 주인의 손에 달려 있었기 때문이었다.

얼마 지나지 않아, 하갈의 몸은 새 생명을 품게 되었다. 장막 안에는 잠시 환희로 가득 찼다. 종들은 기뻐했고, 아브람의 눈시울도 붉어졌다.

그러나 그 기쁨은 오래가지 않았다. 배가 불러올수록, 하갈의 눈빛은 달라졌다. 그녀는 사래를 향해 은근히 고개를 높이 들었고, 그 시선 속에는 말없는 우월감이 담겨 있었다.

"나는 주인의 가문을 이을 씨를 품은 여인이다."

사래는 그 눈빛을 견딜 수 없었다. 밤마다 남편 앞에서 울음을 터뜨렸다.

"아브람, 보세요. 제 여종이 저를 무시하고 있잖아요. 이 모든 게 제 탓이겠지요… 하지만 제 마음이 너무 괴롭습니다. 하나님께서 우리 사이를 판단해 주셔야 할 거예요."

아브람은 난처한 얼굴로 대답했다.

"사래, 그 여종은 본래 당신의 사람이오. 그러니 당신이 옳다고 여기는 대로 하시오."

사래의 마음은 무너져 내렸다. 질투와 분노, 자책과 슬픔이 한꺼번에 밀려왔다. 결국 그녀는 하갈을 거칠게 다루었고, 하갈은 견디지 못해 장막을 뛰쳐나가 광야로 달아났다.

그 순간, 사래의 가슴 속 깊은 곳에서 억눌러왔던 울부짖음이 터져 나왔다.

"나는 믿음을 잃은 여인일까? 기다리지 못한 나약한 마음이 우리 가문에 더 큰 상처를 남기고 있는 건 아닐까?"

"하지만… 기다리기만 하다가는 내 삶은 흔적도 없이 사라질 것 같았다. 약속은 별빛처럼 멀리 반짝이는데, 내 품은 여전히 공허하다. 그 빛을 잡으려 손을 뻗으면, 내 손에는 언제나 허공만 남는다."

"주여, 제가 선택한 이 길이 정말 맞는 길이라면, 왜 제 가슴은 이렇게 무너져 내려야 합니까?" 저는 믿음을 잃은 여인입니까? 기다리지 못한 나약함이 더 큰 상처를 만든 것입니까? 아니면 믿음을 붙들어도 반드시 지나가야 하는 광야가 있기 때문입니까?"

그때, 장막을 벗어난 하갈은 이미 끝없는 모래바람 속을 헤매고 있었다. 태양은 사정없이 그녀의 등을 내리쬐었고, 갈증은 목구멍을

태웠다. 뱃속의 아이가 미약하게 몸을 뒤척일 때마다, 그녀의 절망은 더 깊어졌다.

그녀는 마침내 무릎을 꿇고 모래 위에 쓰러졌다. 눈앞은 흐려졌고, 숨결은 바람에 흩어졌다. 죽음을 받아들이려는 순간, 낯선 음성이 광야를 가르며 울려 퍼졌다.

"하갈."

그녀는 놀란 눈으로 주위를 두리번거렸다. 그곳에는 한 사람이 서 있었지만, 그의 목소리는 인간의 것이 아니었다.

"네가 어디서 왔으며 어디로 가느냐?"

하갈은 눈물을 흘리며 대답했다.

"저는 제 여주인 사래를 피해 달아나고 있습니다."

천사는 따뜻하면서도 위엄있는 목소리로 말했다.

"네 여주인에게 돌아가라. 네 몸에서 아들이 태어나리니, 그의 이름을 이스마엘이라 하라. 이는 여호와께서 네 고통을 들으셨음이라."

하갈은 두 손으로 얼굴을 감쌌다. 절망 속에서도, 자신을 보시고, 자신을 아시는 하나님을 만난 것이다.

"참으로 주께서 나를 보셨습니다. 이곳은 나를 살피시는 하나님의 집입니다."

하갈은 눈물을 닦고 다시 장막으로 돌아갔다.

때가 되어 하갈은 아들을 낳았다. 아브람은 그의 이름을 이스마엘이라 불렀다. 아브람은 아들을 품에 안고 떨리는 목소리로 속삭였다.

"드디어 내 집에도 아들의 울음소리가 울리는구나. 오래 기다린 이 소리가, 하나님께서 약속을 지키셨다는 증거이기를…"

그러나 사래의 눈빛은 복잡했다. 그녀는 기쁨과 동시에 설명할 수 없는 불안과 상처를 품고 있었다. 그녀의 마음속에는 한 가지 의문이 떠나지 않았다.

"이 아이가 정말 하나님의 약속의 성취일까? 아니면 우리의 조급함이 빚어낸 또 다른 상처일까?"

아브람은 밤마다 하늘을 바라보며 기도했다.

"주여, 이제 제게 아들이 있습니다. 그러나 이것이 정말 당신의 뜻입니까? 아니면 우리의 조급한 선택입니까?"

별빛은 여전히 고요히 빛났다. 그러나 그 빛은 약속의 성취가 아직 끝나지 않았음을 말하는 듯했다.

아브람의 장막에는 드디어 아들의 울음소리가 울려 퍼졌지만, 그 울음은 기쁨과 동시에 묵직한 질문을 남겼다. 사래의 눈은 여전히 흔들렸고, 아브라함의 기도는 더욱 깊어졌다.

"주여, 이스마엘이 약속입니까? 아니면 제 믿음이 아직 시험받는 것입니까?"

밤하늘의 별빛은 여전히 수놓아져 있었으나, 그 빛은 아직 완성되지 않은 언약을 말하는 듯했다.

세월은 계속 흘렀고, 아브람의 몸은 늙어갔지만, 하나님께서는 여전히 침묵 속에서 더 큰 약속을 준비하고 계셨다.

그리고 마침내, 아브람이 아흔아홉 살이 되었을 때, 하나님께서는 다시 그의 앞에 나타나셨다.

이번에는 더 이상 희미한 위로가 아니었다.
언약의 확증과, 몸에 새겨질 표징이 임하려 하고 있었다.

9.
언약의 확증과 새 이름의 표징

세월은 흘러 아브람의 나이는 아흔아홉에 이르렀다. 어깨는 세월의 무게에 굽었으나, 그의 눈빛만은 여전히 하늘을 더듬고 있었다.

이스마엘은 어느덧 소년이 되어 활을 당겼고, 장막은 넓어졌으며 가축은 불어났고, 종들의 발자국은 뜰을 가득 메웠다. 그러나 저녁마다 불이 사그라들 때면, 식탁에는 여전히 한 자리가 비어 있었다.

'약속의 아들.'

그 빈자리는 말없이 곁을 맴돌며 밤마다 잠자리를 감싸고, 아브람의 기도를 길고 깊게 만들었다.

그날, 마므레 상수리나무 그늘을 스치던 바람이 잠시 멎었다. 아브람은 낯익은 기척을 느꼈다. 보이지 않는 빛이 등을 떠밀 듯 다가왔고, 그는 숨을 죽였다.

"나는 전능한 하나님이라. 너는 나에게 순종하며, 흠 없이 살아라. 내가 너와 나 사이에 언약을 세우리니, 네가 크게 번성하리라."

아브람은 얼굴을 땅에 대고 엎드렸다. 떨림이 온몸을 스쳤으나, 그것

은 두려움이 아니라 경외였다. 흙냄새가 코끝에 스며들었고, 심장은 오래 묶어 두었던 울음을 쿵쾅거리며 기억해 냈다.

"내가 너를 여러 민족의 아버지로 삼았으니, 이제부터는 네 이름이 아브람이 아니라 아브라함이라 하리라. 네 아내의 이름도 사래가 아니라 사라라 하리니, 내가 그에게 복을 주어 네게 아들을 낳게 하리라."

아브라함의 입가에서 웃음이 새어 나왔다. 그것은 쓰디쓴 비웃음도, 가벼운 농담도 아니었다. 믿고 싶은 마음과 믿기 어려운 현실이 충돌하여 터져 나온, 연약한 인간의 웃음이었다.

"백 세 된 자에게 어찌 아들이 있으리이까? 사라가 구십 세인데 어찌 출산하리이까?"

그러나 말씀은 단호했다.

"네 아내 사라가 네게 아들을 낳으리니, 그 이름을 이삭이라 하라. 내가 그와 내 언약을 세우리니, 영원한 언약이 되리라."

그의 등골을 타고 오르던 웃음은 이내 조용한 울음으로 바뀌었다.

불가능의 장막이 한 겹, 또 한 겹 걷히는 듯했다.

해가 기울 즈음, 사라가 물항아리를 이고 장막으로 돌아왔다. 아브라함은 그녀 앞에 서서 잠시 망설이다가, 서툴게 입을 열었다.

"사라."

사래가 대답했다.

"내 이름은 사래요."

그녀가 무심코 받았다가, 그의 눈빛이 낯설만큼 또렷한 것을 보고 멈추었다.

"사라요."

아브라함은 또박또박 불렀다.

"하나님께서 그리 부르라 하셨소."

사라는 짧게 웃음을 흘리다 말고, 손에 들었던 항아리를 내려놓았다. 손끝이 미세하게 떨렸다. 젊음이 사라진 자리에 희망마저 뿌리내리지 못한 지 오래였다. 그러나 오늘은 이름 하나가 바람의 결을 바꾸는 듯했다.

"사라…"

그녀가 낮게 자기 이름을 되뇌었다. 낯설지만 이상하게 따뜻한 소리였다. 마치 오래 닫혀 있던 방의 문을 열었을 때, 먼지가 가득했으나 창을 열자 햇빛이 한꺼번에 쏟아져 들어오는 순간 같았다.

아브라함은 그날 하나님께 들은 모든 말씀을 전했다. 약속과 경고,

그리고 언약의 표징까지.

"우리 모두가 할례를 받아야 하오. 그것이 우리와 후손, 그리고 하나님 사이의 언약의 표징이오."

사라는 그의 손을 꼭 감싸 쥐며 낮게 속삭였다.

"당신이 웃는 걸 봤어요."

아브라함은 미소를 머금으며 대답했다.

"그래요, 웃었소."

사라는 잠시 눈을 감았다가 떨리는 목소리로 고백했다.

"하지만, 나는 밤마다 속으로 울었어요."

둘의 웃음과 울음이 같은 자리에 놓였다는 것을, 그제야 서로 알았다.

다음 날, 장막 안뜰에 종들과 목자들, 집에서 태어난 자와 돈으로 산 자들이 모두 모였다.

이집트 출신의 늙은 종 엘리에셀이 앞으로 나섰다. 그는 오래도록 집을 꾸려 온 자였고, 아브라함의 말이라면 생사조차 함께할 준비가 되어 있었다.

"주인님, 우리가 다 그 표징을 받겠습니다. 주인님의 하나님이 우리의 하나님이라면, 우리의 몸에도 그 약속이 새겨져야 하지 않겠습니까?"

아브라함은 잠시 이스마엘을 바라보았다.

사막 바람처럼 거친 소년의 눈빛에는 반항과 호기심이 교차하고 있었다.

이스마엘이 조심스럽게 물었다.

"아버지, 그럼 제가 아버지의 뒤를 잇게 되는 건가요?"

아브라함은 잠시 눈을 감고 깊은 숨을 내쉬었다. 그리고 무겁지만 따뜻한 목소리로 대답했다.

"아들아, 하나님께서 너로 큰 민족을 이루게 하시겠다고 약속하셨다. 하지만 언약의 길은… 네가 걷게 될 길과는 다르단다. 지금은 다 설명할 수 없지만, 하나님의 뜻 안에서 언젠가 분명하게 드러나게 될 것이다."

이스마엘은 아버지의 말을 들은 뒤 아무 대답도 하지 않았다.

'나는 왜 아니지? 나는 아버지의 아들인데… 나는 아버지의 피를 이어받았는데….'

그의 가슴속에서는 뜨거운 무언가가 솟구쳤다.

억울함인지, 서운함인지, 스스로도 알 수 없었다. 그는 아무 말도 하지 않고, 아버지의 칼과 끈을 들고 옆으로 물러섰다.

칼날이 물에 씻겨 불에 달궈졌다. 바람이 짧게 울고, 첫 살이 갈라졌다. 신음이 쏟아졌다. 누구도 눈을 피하지 않았다.

칼이 손에 쥐어졌을 때 아브라함은 잠시 떨었으나, 그 떨림을 믿음으로 눌렀다. 그 고통은 단순한 상처가 아니라, 하나님과 맺는 언약의 불길이었다.

피가 흙에 스며들었다. 붉은 선이 모래알 사이로 가늘게 번졌다. 아브라함은 그때 이해했다. 언약은 말로만 맺어지지 않는다. 몸과 시간에 새겨져 세대를 건너 뼈에 전해지는 것임을.

사라는 장막 뒤에서 흐느꼈다. 남편이 피로 언약을 새길 때, 그녀는 태가 닫힌 자기 몸을 떠올렸다.

"주여, 이 집안의 이름이 피로 새겨진다면, 제 몸도 언젠가 당신의 손으로 새로 써 주십시오."

해가 기울 무렵, 이스마엘의 차례가 되었다.

소년은 두려움을 감추려 이를 악물었고, 아브라함은 그의 손을 단단히 붙잡았다.

"두려워하지 마라."

이스마엘이 떨리는 눈빛으로 되물었다.

"아버지는… 두렵지 않으세요?"

아브라함은 잠시 눈을 감았다가 깊은 숨을 내쉬었다.

"두렵다. 하지만 그 두려움보다 더 크신 하나님이 계시다. 나는 그분을 믿는다."

칼이 번뜩였다. 소년의 이마에 땀이 맺혔다. 짧은 비명이 장막 천을 흔들었다. 이스마엘의 눈에서는 눈물이 번져 나왔으나, 그 안에는 단순한 고통만이 아니라, 억눌린 분노와 이해 받지 못한 서러움이 뒤섞여 있었다.

'나는 이 집의 아들이지만, 선택받은 아들이 아니구나…'

그날, 집안의 모든 남자가 할례를 받았다. 밤이 오자 신음과 낮은 기도가 교차했고, 별빛은 장막 위로 고요히 내려앉았다. 고통이 지나간 자리마다, 소속이라는 새로운 감각이 자라났다.

"우리는 이제, 하나님께 속한 자다."

상처가 아물어 가는 나흘째 밤, 아브라함은 장막 밖으로 나왔다. 하늘은 유난히 맑았다. 그는 예전과 달리 허리를 곧게 세우고 서 있었다. 이름이 바뀌자 자세도 달라졌다.

"주여, 제 몸에도, 제 이름에도 당신의 언약이 새겨졌습니다. 제 웃음이 조롱이 아니라 소망의 떨림이 되게 해주십시요."

뒤에서 사라가 다가와 그의 곁에 조용히 섰다.

"여보, 오늘 밤은 별이 유난히 많은 것 같지 않나요?"

아브라함은 하늘을 올려다보며 미소 지었다.

"우리가 셀 수 없다는 것을 인정할수록, 하나님의 약속은 오히려 더 가까이 다가오는 것 같소."

사라는 조용히 웃었다. 그 웃음은 오래 묵은 쓴맛을 조금씩 달게 만드는 미소였다.

멀리 양 떼가 잠잠했다. 바람이 상수리나무 잎을 스쳤다. 아브라함은 이스마엘의 묵직한 숨소리를 떠올렸다. 소년의 서늘한 자존심과 뜨거운 질문이, 장막의 기둥처럼 이 집안을 떠받치고 있었다.

'언젠가 그는 자신의 길을 걸어가겠지. 그리고 이삭은 또 다른 길을. 그러나 두 길 모두, 이 언약의 그림자 아래서 시작될 것이다.'

아브라함은 무릎을 꿇고 깊이 기도했다.

"하나님, 제가 손으로 쌓은 제단보다, 오늘 제 살에 새겨진 이 표가 더욱 무겁습니다. 제 믿음이 흔들릴 때에도, 제 몸에 새겨진 언약이 저를 붙들게 해주십시요. 닫혀 있던 사라의 태를 열어 주시고, 우리에게 웃음을 주십시요. 그 웃음이 아이의 이름이 되어, 웃음이 우리의 장막을 가득 채우게 해주십시요."

밤은 깊었지만, 장막 위 별빛은 더욱 밝았다. 그 빛은 새로 지어진 이름들을 천천히 쓰다듬으며, 아직 오지 않은 세대들의 이마 위를 미리 비추는 듯했다.

그날 이후 장막에는 고요한 시간이 흘렀다. 상처는 아물어 갔지만, 하나님의 약속은 아직 눈앞에 드러나지 않았다. 아브라함은 매일 아침마다 상수리나무 곁을 거닐며 하늘을 올려다보았다. 사라는 항아리를 이고 오가며, 자기 이름을 낮게 되뇌었다.

"사라… 열국의 어미라…"

그러나 속으로는 여전히 의문이 사라지지 않았다. 이름이 바뀌었다고 해서 현실이 바뀐 것은 아니었다. 그녀의 귀에는 아직도 아이의 울음소리가 들리지 않았다.

그때, 보이지 않는 발자국 소리가 광야 끝에서 다가오고 있었다. 하나님께서 약속을 잊지 않으셨다는 증거가, 곧 장막을 찾아올 것이었다.

10.
세 나그네와 사라의 웃음

태양이 머리 위에서 불덩이처럼 내리쬐던 정오, 아브라함은 마므레 상수리나무 그늘에 앉아 있었다. 칼날 같은 햇볕이 모래 위에서 반짝였고, 뜨거운 바람은 숨조차 쉽지 않게 만들었다.

상처가 아문 지 얼마되지 않은 몸은 여전히 뻐근했고, 걸음을 옮길 때마다 언약의 표가 살 속에서 작게, 그러나 분명히 기억을 흔들었다. 그 표식은 고통이 아니라 약속의 흔적이었으나, 아직은 매 순간 그의 마음을 조용히 흔드는 무게였다.

그때였다. 모래빛 수평선 너머로 세 사람이 다가오는 것이 보였다. 먼지 속 실루엣은 햇빛을 등에 지고 흔들렸고, 발목까지 내려온 옷자락은 바람에 젖은 풀처럼 무겁게 흘렀다. 낯선 길손들이었으나, 그 발걸음에는 지친 흔적이 보이지 않았다.

아브라함의 가슴은 이유 모를 떨림으로 가득 차올랐다. 그는 본능적으로 자리에서 일어나 달려갔다. 손님은 하나님의 복이었고, 길에서 만나는 낯선 이는 하나님께서 우리의 환대와 믿음을 시험하기 위해 보낸 사람이기도 했다.

그는 뛰다시피 달려가 땅에 엎드렸다.

"내 주여, 제가 주의 은혜를 입었다면, 이 종을 그냥 지나치지 마십시요. 물을 가져다 드릴 테니 발을 씻으시고, 이 나무 그늘에서 쉬십시요. 제가 떡과 음식을 대접하겠습니다."

그의 환대는 단순한 관습이 아니었다. 마치 오래 기다려온 순간이 도래했다는 듯, 그의 심장은 강하게 뛰고 있었다.

세 사람은 고개를 끄덕였다. 그 단순한 움직임 속에 묘한 권위가 있었다. 마치 그늘이 움직이고, 바람이 대답하는 것만 같았다.

아브라함은 급히 장막으로 달려가 사라를 불렀다.

"사라! 빨리 고운 가루 세 스아를 가져다가 반죽해, 뜨거운 돌 위에 빵을 구우시오."

그는 지체할 겨를도 없이 가축 떼 있는 곳으로 달려가서, 기름지고 좋은 송아지를 잡아 종에게 건넸다.

"서둘러 잡아 손님상에 올려라. 엉긴 젖과 우유도 함께 준비하라."

사라는 대꾸 대신 손놀림으로 답했다. 밀가루가 사발 속에서 비처럼 흩어지고, 물이 목청을 적시듯 반죽에 스며들었다. 손바닥으로 반죽을 접고 밀어 화덕 위에 올리는 동안, 그녀는 오래 묵혀온 자신의 이름, 사래가 사라로 바뀐 뒤에도 여전히 두려움과 기대 사이를 오가는 마음을 다독였다.

세 사람은 상수리 그늘 아래 앉았다.

아브라함은 그들 앞에 구운 빵과 우유, 버터, 갓 지진 송아지 고기를 차려 놓고 조금 물러서서 섰다. 그의 눈빛은 숨길 수 없는 기대와 경외로 빛나고 있었다. 그는 손님이 머무는 동안 결코 앉지 않았다. 주인은 먼저 앉지 않는 법, 축복은 높아진 자리에서 내려오는 법을 알았기 때문이다.

그들 중 한 사람이 입을 열었다.

"네 아내 사라는 어디 있느냐?"

"장막 안에 있나이다."

사라는 장막 천 너머로 그들의 목소리를 들었다. 반죽 위에 흩뿌린 밀가루가 손끝에서 조금 더 흘러내렸다. 이름이 바뀐 뒤로 발걸음 하나도 달라져야 한다는 걸 알았지만, 달라짐은 언제나 두려움과 함께 오는 법이었다.

"내년 이맘때에 내가 반드시 네게로 돌아오리니, 네 아내 사라에게 아들이 있으리라."

그 말을 듣는 순간, 사라의 마음 안에 화덕에서 불꽃이 튄 듯 불씨가 튀었다. 그녀는 가만히 웃음을 흘렸다. 그러나 그 웃음은 기쁨이 아닌, 오래 쌓인 상처와 체념에서 터져 나온 쓰라린 웃음이었다.

"내가 이미 늙었고, 남편도 늙었는데… 어찌 이런 일이 일어나리요"

그때 장막 밖에서 목소리가 다시 울렸다. 그 소리는 사래의 마음 깊숙이 감추어진 비밀을 꿰뚫는, 오직 하나님만이 내실 수 있는 음성이었다.

"어찌하여 사라가 웃으면서 '이 늙은 나이에 내가 어찌 아들을 낳으랴?' 하느냐? 여호와께서 능하지 못한 일이 있겠느냐? 내년 이맘 때에 내가 다시 네게로 돌아오리니, 사라에게 아들이 있으리라."

사라는 얼굴이 하얗게 질리며 떨리는 목소리로 변명했다.

"저는 웃지 않았습니다."

그러나 그 목소리에는 부인보다 더 깊은 두려움이 담겨 있었다. 나그네의 음성은 단호했으나 따뜻했다.

"아니라, 네가 웃었느니라."

그 말은 꾸짖음이 아니라, 오래 닫혀 있던 사라의 마음을 열어 젖히는 열쇠처럼 울렸다. 그녀는 스스로도 알 수 없는 눈물을 흘렸으나 그 눈물은 절망에서 흘러나온 눈물이 아니었다. 그것은 오랜 시간 묻혀 있던 희망이 다시 깨어나는 눈물이었고, 하나님께서 여전히 자신을 기억하신다는 증거였다.

식사가 끝나자, 세 나그네는 일어나 소돔을 향해 걸음을 옮겼다. 아브라함은 장막 앞에 서서 그들을 배웅하는 순간 직감했다. 오늘의 방문이 단순한 방문이 아니라, 앞으로 닥쳐올 중대한 일을 예고하고 있음을.

발 뒤로 늘어진 상수리 그늘이 길게 이어져, 마치 장막을 떠나는 그림자가 땅 위에 길게 새겨지는 듯했다.

그 순간, 주님의 음성이 그의 마음 깊은 곳을 울렸다.

"내가 지금 하려는 일을 어찌 너에게 숨기겠느냐? 너는 장차 크고 강한 나라가 될 것이며, 많은 민족이 너로 말미암아 복을 받을 것이다. 내가 너를 택한 것은, 네가 자녀들과 후손들을 바르게 가르쳐 정의와 공의를 행하게 하기 위함이다. 그 길을 따른다면, 나는 네게 약속한 것을 반드시 이루리라."

잠시 정적이 흘렀다. 그리고 이어진 말씀은 무거웠다.

"소돔과 고모라에서 들려오는 부르짖음이 너무 크다. 그들이 저지르는 죄악이 참으로 심각하다. 이제 내가 가서, 그곳에서 일어 나는 일이 정말 그토록 악한지 그렇지 않은지를, 직접 살펴볼 것이다."

아브라함의 가슴이 무겁게 내려앉았다. 약속의 기쁨과 다가올 심판의 그림자가 동시에 밀려왔다. 그는 하늘을 올려다보며 속으로 탄식했다.

"주여, 그 도시에 죄악이 아무리 크다 해도, 그 안에는 무고한 사람들도 있지 않습니까? 모두가 같은 결말을 맞아야 한단 말입니까?

그 물음은 단순히 소돔을 향한 것만은 아니었다. 그것은 그의 가정에 대한 물음이었고, 그의 미래에 대한 고백이었으며, 더 나아가 모든 인간이 품어야 할 질문이었습니다.

정의와 자비 사이에서 당신이라면 어디에 서시겠습니까?

사라는 장막 안에서 빵을 치우며 낮게 중얼거렸다.

"정한 때… 내년 이맘때."

그녀는 한쪽 구석에 묻어 두었던 아기용 베틀을 꺼냈다.

먼지가 피어올라 햇살 속에서 은빛 가루처럼 반짝였다. 베의 첫 올을 걸며 그녀는 또렷한 목소리로 속삭였다.

"그 아이의 이름은 이삭, 웃음."

웃음은 더 이상 조롱의 표정이 아니었다. 그것은 믿음 속에서 솟아난 은혜의 기쁨이라는 것을, 그녀는 비로소 깨달았다.

저녁바람이 불어와 상수리 잎을 흔들자, 장막 안에도 부드러운 속삭임이 스며들었다.

아브라함은 문가에 서서 사라를 바라보았다. 그녀는 베틀 앞에 앉아, 올 하나하나를 고르게 걸어가며 마음의 실밥까지 정리하는 듯했다.

"그분이 말씀하셨소."

아브라함이 낮게 입을 열었다.

사라는 고개를 끄덕였다. 이미 들었고, 이미 흔들렸으며, 이미 웃은 뒤였다.

"'여호와께 능하지 못한 일이 있겠느냐'는 말씀이 오늘 제 마음 깊은 곳까지 와 닿았어요"

아브라함은 하늘을 올려다보았다. 어젯밤과 같은 별빛이었지만, 오늘은 전혀 다른 의미로 다가왔다. 어제의 별은 약속의 숫자였고, 오늘의 별은 웃음의 개수였다.

그는 마음 속으로 기도했다.

"주여, 우리가 주님을 기쁘게 맞이하고 따르는 그 마음 위에 주님의 약속을 세워주시고, 우리의 웃음 속에 믿음을 심어 주십시오. 내년 이맘때 이 장막에 아이의 울음과 웃음이 가득하게 해주십시오."

그는 장막 안으로 들어가 사라 곁에 앉았다. 두 사람 사이에 흐르는 침묵은 오래된 그릇처럼 단단했으며, 그 위로 갓 구운 빵 냄새가 포근히 내려앉았다.

멀리 소돔의 평야는 어둠 속에 잠겨 있었으나, 이 작은 장막은 다가올 세대를 비추는 등불처럼 은은히 빛나고 있었다.

11.
소돔을 위한 중보

세 사람이 아브라함의 장막을 떠나 소돔 쪽으로 향했다. 땅거미가 내리자 저 멀리 평지는 붉은 노을에 잠겼다. 그러나 그 붉음은 단순한 석양이 아니었다. 곧 다가올 심판의 전조처럼 보였다.

아브라함은 그들의 발걸음을 따라가다 멈췄다. 바람이 옷자락을 흔들었고, 가슴은 설명할 수 없는 무거움으로 짓눌렸다. 그의 조카 롯, 어린 시절부터 함께했던 롯이 그 땅에 살고 있었기 때문이었다. 하나님께서 소돔과 고모라의 죄악을 심판하시겠다고 말씀하셨을 때, 그의 마음은 산산이 부서지는 듯했다.

"주여… 그 땅이 멸망한다면, 그 속에 있는 롯과 그의 가족은 어떻게 되는 것입니까?"

그의 눈앞에는 롯의 얼굴이 아른거렸다. 사막에서 함께 가축을 돌보며 웃던 날들, 기근 속에서 함께 피난하던 시간들, 그리고 조카를 위해 목숨을 걸고 싸웠던 그날의 기억이 떠올랐다.

아브라함은 더는 침묵할 수 없었다. 흙먼지 같은 자신이었지만, 그는 하늘을 향해 떨리는 목소리를 내었다.

"주여, 의인을 악인과 함께 멸하시려 하십니까?

만약 저 성 안에 의인 오십 명이 있으면, 그래도 멸하시겠습니까? 의인과 악인을 함께 멸하심은 주님께서 하실 일이 아닙니다. 세상을 심판하시는 분께서는 공정하게 판단하셔야 하지 않겠습니까?"

순간, 그 말은 너무 담대하여 스스로도 놀랐다. 그러나 그것은 감히 교만한 항변이 아니라, 하나님을 향한 신뢰에서 나온 외침이었다. 아브라함은 알았다. 하나님은 단순히 심판하시는 분이 아니라, 자비와 정의를 동시에 가지신 분임을.

주님께서 대답하셨다.

"내가 만일 소돔 성읍에서 의인 오십 명을 찾으면, 그들을 보아서라도 그 성읍 전체를 용서하리라."

아브라함의 가슴은 순간 벅차올랐다. 그러나 곧 불안이 스며들었다.

"오십 명…"

소돔의 죄악을 떠올리면, 그 수가 채워질지 확신할 수 없었다.

아브라함은 머뭇거리다가 다시 용기를 냈다. 손바닥에는 땀이 배었고, 이마에는 땀이 흘러내렸다. 그러나 그는 물러서지 않았다.

"주여, 제가 티끌과 재에 불과하오나, 다시 간구합니다. 만일 오십 명 중 다섯이 부족하다면, 사십오 명이라도 그 성을 멸하지 않으시겠습니까?"

"내가 사십오 명을 인하여 멸하지 아니하리라."

아브라함은 다시 한번 주님께 아뢰었다.

"거기에서 마흔 명만 찾으시면, 어떻게 하시겠습니까?"

"내가 그 마흔 명을 인하여 멸하지 아니하리라."

아브라함이 또 아뢰었다.

"주님! 노하지 마시고, 제가 말씀드리는 것을 허락하여 주시기 바랍니다. 거기에서 서른 명만 찾으시면, 어떻게 하시겠습니까?"

"거기에서 서른 명만 찾아도, 내가 그 성을 멸하지 아니하리라."

아브라함이 다시 아뢰었다.

"감히 주님께 아룁니다. 거기에서 스무 명만 찾으시면, 어떻게 하시겠습니까?"

"내가 스무 명을 인하여도, 멸하지 아니하리라."

숫자가 줄어들 때마다 아브라함의 목소리는 낮아지고, 그의 무릎은 땅에 더욱 가까워졌다. 그것은 마치 한 생명을 구하기 위해 씨름하는 자의 기도였다. 마지막 남은 힘을 모아 그는 간구하였다.

"주님! 노하지 마시고, 제가 한 번만 더 말씀드리게 해주십시요. 거기에서 열 명만 찾으시면, 어떻게 하시겠습니까?"

주님의 응답은 여전히 자비로웠다.

"내가 그 열 명을 인하여 멸하지 아니하리라."

그 말씀을 마치신 후, 주의 사자는 떠나셨다.

어둠이 평지를 덮었고, 멀리 소돔 쪽에서는 불길한 바람이 몰려왔다.

아브라함은 홀로 남아 무겁게 숨을 몰아쉬었다.

"열 명."

그 숫자는 희망 같으면서도, 어쩌면 절망에 가까운 작은 수였다.

그는 눈을 감고 롯과 그의 가족을 떠올렸다.

"주여, 그들 가운데 아직 의인 열 명이 남아 있습니까? 부디 그들을 기억해주십시오."

그의 기도는 바람에 실려 광야로 흩어졌다. 상수리나무 가지가 흔들리며 그의 간구에 화답하듯 울부짖었다. 그러나 진짜 대답은 아직 오지 않았다.

아브라함의 기도는 격렬한 씨름 같았다. 그러나 그것은 하나님을 대적하는 씨름이 아니었다. 정의와 자비 사이에서, 하나님의 마음에 매달리는 믿음의 몸부림이었다.

"주여, 당신의 정의는 언제나 옳습니다. 그러나 자비 또한 당신의 이름이 아닙니까? 저의 간절한 기도를 기억해 주십시오."

그는 고개를 들어 하늘을 바라보았다. 별빛이 검은 하늘에 쏟아져 내렸다. 그것은 심판의 어둠을 뚫고 빛나는 작은 불씨 같았다. 그 순간, 아브라함은 알았다. 하나님은 심판의 하나님만이 아니라, 자비의 하나님이시라는 것을.

아브라함의 가슴 깊은 곳에 작은 소망이 살아났다. 그 소망은 바람에 흔들리지 않는 등불처럼, 어둠 속에서도 꺼지지 않고 타올랐다.

12.
소돔과 고모라의 멸망

저녁 무렵, 두 천사가 소돔 성에 이르렀다.

장사꾼들은 그날의 거래를 마치고 동전을 세었고, 술집에서는 웃음과 노랫소리가 요란하게 흘러나왔다. 거리에는 향신료 냄새와 술 냄새가 뒤섞여 진동했고, 사람들의 눈빛은 욕망으로 흐려 있었다. 아이들마저 거리에 서서 지나가는 사람들을 조롱하며 비웃음을 배웠다. 겉으로는 풍요와 번영의 도시였으나, 그 속에는 타락이 뿌리 깊게 자라 있었다.

그때 성문 곁에 앉아 있던 롯이 두 사람을 보았다. 그는 그들의 낯빛에서 범상치 않은 기운을 느끼고 곧장 땅에 엎드려 절하며 간청했다.

"내 주여, 부디 이 종의 집에 들어와 발을 씻으시고 하룻밤 쉬어 가십시오. 새벽이 밝으면 일찍 길을 떠나실 수 있을 것입니다."

천사들은 한사코 광장에서 묵겠다고 했으나, 롯은 간절히 권하여 그들을 집으로 데려갔다. 그는 떡을 구워 대접했고, 그들은 식탁에 앉아 조용히 식사했다. 그러나 아직 밤이 깊어지기도 전에, 소돔의 남자들이 사방에서 몰려와 그의 집을 에워쌌다. 어린 자부터 늙은 자까지, 거리마다 사람들이 몰려와 외쳤다.

"오늘 네 집에 온 사람들이 어디 있느냐? 이끌어 내라. 우리가 그들을 상관하리라!"

롯은 손을 떨며 문을 닫고 몸으로 막아섰다. 두려움이 목구멍까지 차올랐지만 그는 간청했다.

"형제들아, 이런 악을 행하지 말라. 이들은 내 집에 들어온 손님이니, 그들을 해치지 말라."

그러나 사람들은 비웃으며 조롱했다.

"이 이방 나그네가 감히 재판관 노릇을 하는가! 이제는 네가 더 큰 벌을 받을 것이다!"

위협은 점점 거세졌다. 그 순간, 천사들이 손을 내밀어 롯을 안으로 끌어들이고 문을 닫았다. 그리고 문 밖에 있던 무리들의 눈을 어둡게 하여 대문을 찾지 못하게 하였다. 비명과 고함이 뒤엉켜 성 안에 울려 퍼졌다. 소돔의 밤은 이제 심판의 서막으로 들어서고 있었다.

"이 성읍을 멸하리니, 네 가족을 다 이끌어 내라. 이곳의 부르짖음이 여호와 앞에 큼으로, 우리가 멸하러 왔다."

롯은 가슴이 철렁 내려앉았다. 그는 곧장 두 사위의 집으로 달려가 외쳤다.

"일어나라! 이 성을 떠나라! 여호와께서 이 성을 멸하실 것이다!"

그러나 사위들은 그를 비웃으며 말했다.

"장인이 또 농담을 하는구나!"

롯의 얼굴은 순식간에 창백해졌다. 그는 두 사위의 굳게 닫힌 눈빛 속에서, 이미 그들의 운명이 결정되었음을 직감했다.

새벽이 가까워 오자, 천사들은 롯의 손과 그의 아내, 두 딸의 손을 붙잡았다.

"급히 가라! 생명을 보존하라! 뒤돌아보지 말며, 들에도 머물지 말고 산으로 도망하라!"

롯은 두려움에 떨며 간청했다.

"주여, 산까지 살 수는 없습니다. 저 작은 성읍 소알로 피하게 해 주십시오."

천사들은 허락했고, 롯의 가족은 소알을 향해 달렸다.

그들이 성읍에 들어서자마자, 하늘이 갈라지는 듯 불과 유황이 소돔과 고모라 위에 비처럼 쏟아졌다. 천둥 같은 폭발음이 연이어 터졌고, 뜨거운 바람이 몰아쳤다. 불길은 기둥처럼 치솟아 도시를 삼켰다. 향락으로 가득했던 시장, 사람들의 웃음소리로 가득했던 거리는 한순간에 불타 무너졌다. 곡식과 짐승, 집과 성벽, 사람의 숨결까지, 모든 것이 불길 속에 삼켜졌다.

롯은 두 딸의 손을 꼭 붙잡고 달렸다. 그러나 그의 아내는 발걸음을 멈췄다.

뒤에서 들려오는 폭발음, 검은 연기, 불길 속 비명, 그 모든 소리가 그녀를 붙잡았다. 그녀의 눈은 멸망하는 도시로 향했고, 마음은 떠나온 삶의 잔해에 매여 있었다.

순간, 그녀의 몸은 굳어졌다. 발끝에서부터 차갑게 얼어붙더니, 마침내 소금 기둥이 되어 버렸다. 바람은 그 기둥을 스치며 흰 가루를 흩날렸다. 남겨진 것은 한 여인의 흔적이 아니라, 미련의 형상이었다.

롯은 울부짖었으나 되돌릴 수 없었다. 그의 두 딸은 눈물에 젖은 채 아버지의 팔에 매달려 달렸다. 심판의 불길은 여전히 그들 뒤에서 도시를 집어삼키고 있었다.

아침 해가 솟아오를 때, 연기에 뒤덮인 평지가 눈앞에 드러났다. 땅은 잿더미가 되어 있었고, 공기는 숨을 막히게 할 만큼 타는 냄새로 가득했다.

롯은 산 위에 서서 무너진 도시를 바라보았다. 그의 목소리는 메마른 속삭임이 되었다.

"주여… 저들은 죄악으로 심판을 받았으나, 저는 주의 자비로 구원을 받았습니다… 주님의 은혜에 감사드립니다."

멀리 마므레의 장막에서는 아브라함이 새벽 일찍 일어나 소돔 쪽을 바라보고 있었다. 연기가 용광로의 연기처럼 치솟는 것을 보고, 그의 가슴은 무너져 내렸다.

"열 명."

그 작은 숫자조차 없었던 것이다.

그러나 아브라함은 알았다. 하나님께서는 여전히 자비로우시다는 것을. 롯과 그의 두 딸을 구원하신 것이 그 증거였다.

그는 무릎을 꿇고 기도했다.

"주여, 당신의 심판은 의로우시나, 당신의 자비 또한 크십니다. 제 기도를 들으시고 롯을 건지셨으니, 주님의 이름을 찬송합니다."

붉게 물든 하늘에는 이미 새로운 아침의 빛이 스며들고 있었다. 심판의 잿더미 위에도, 하나님의 언약은 여전히 흘러가고 있었다.

13.
두려움이 낳은 씨앗

소돔과 고모라가 불길에 삼켜진 후, 연기는 여전히 평지 위를 떠돌았다. 검은 재는 바람에 날려 산등성이까지 번졌고, 그 냄새는 살아남은 자들의 코끝에 죄의 기억처럼 남아 있었다.

롯은 소알에 정착했지만, 그의 마음은 결코 평안하지 않았다. 작은 성읍조차도 언제든 심판의 불길에 휩싸일 것 같은 두려움이 가슴을 파고들었다. 사람들의 눈빛도 그를 옭아맸다.

"저 자는 소돔에서 살아남은 자다."

"그의 아내는 소금 기둥이 되었다지."

수군거림은 그림자처럼 따라붙었다. 감사와 죄책, 구원의 기쁨과 수치가 그의 내면에서 끝없이 충돌했다. 밤마다 그는 눈을 감으면 아내가 소금 기둥으로 굳어가던 순간이 떠올랐다. 불타 무너지는 성들의 비명소리가 귓가를 때리며, 자신이 지켜야 할 가족을 지키지 못했다는 죄책감이 그의 목을 죄었다.

결국 그는 두 딸을 데리고 소알을 떠났다.

"소알조차 안전하지 않다. 산으로 피해야 한다."

그리하여 롯과 두 딸은 외로운 산속에 장막을 치고 살았다. 그러나 산의 고요는 그에게 평안이 아니라 더 큰 고립감을 안겼다. 무너진 도시의 기억은 불길처럼 그의 눈앞에서 사라지지 않았다.

장막 안, 두 딸은 낮은 목소리로 속삭였다.

"아버지는 날마다 늙어 가시고, 앞날은 안개처럼 불투명해. 우리는 이 땅에서 고립됐어. 남편도 없고, 약속된 미래도 없어. 어머니는 소금기둥이 되어 사라지셨고, 이제 우리에겐 친척도 없잖아. 아버지의 씨가 이어지지 않으면, 우리의 이름은 끊어지고 말거야"

그들의 말에는 단순한 절망이 아니라, 왜곡된 의무감이 얽혀 있었다. 하나님을 기다리기보다, 스스로 길을 만들어야 한다는 조급함이 자리 잡았다.

큰딸은 이내 떨리는 목소리로 결심을 드러냈다.

"오늘 밤, 아버지에게 포도주를 마시게 하자. 내가 먼저 아버지와 동침하겠다. 내일은 네 차례다. 이렇게 해서 우리가 아버지의 씨를 이어가자."

그 말은 마치 비수처럼 공기를 갈랐다. 두려움 속에서도 스스로를 합리화하는 목소리였다.

"우리는 사라지지 않는다. 이것은 가문을 위한 것이다."

밤이 되자, 그들은 아버지에게 포도주를 권했다. 롯은 아내를 잃은 슬픔과 미래에 대한 두려움, 그리고 삶의 고단함에 지쳐 있었고, 술은 그의 정신을 마비시켰다. 그의 눈은 흐려지고, 손은 힘없이 떨렸다. 곧 그는 의식을 잃은 듯 깊은 잠에 빠졌다.

그날 밤, 큰딸은 장막 안으로 발걸음을 옮겼다. 모닥불은 사그라지고, 어둠은 무겁게 깔려 있었다. 그녀의 심장은 요동쳤으나, 멈추지 않았다. 발걸음 하나하나가 죄의 심연으로 내려가는 듯했으나, 그녀는 스스로에게 속삭였다.

"생존을 위해 어쩔 수 없다. 아버지의 씨를 지켜야 한다."

다음 날 밤, 둘째 딸도 같은 길을 걸었다. 공포와 수치가 밀려왔지만, 언니의 결심을 거스를 수 없었다. 그녀 역시 떨리는 마음으로 자기 합리화의 옷을 입었다.

"하나님께서 침묵하시니, 우리가 길을 만들 수밖에 없다."

그들의 장막은 두려움과 왜곡된 집착에 삼켜졌다.

시간은 흘러, 두 딸의 몸은 서서히 변해 갔다. 배가 불러오자 그들의 눈빛은 서로를 피해 흔들렸다.

큰딸은 처음엔 스스로를 설득했다.

"우리가 아니면 아버지의 씨는 끊어진다. 이것은 생존을 위한 선택이었다."

그러나 밤이 깊어질수록 그 말은 점점 힘을 잃어 갔다. 태동이 느껴질 때마다 그녀의 가슴은 두려움으로 쿵쿵 울렸고, 기도조차 입술에 담아지지 않았다.

둘째 딸은 언니를 따라 행동했지만, 마음속 깊은 곳에서는 끝내 불안이 가시지 않았다. 뱃속의 아이가 자라날수록 그녀의 눈에는 자주 눈물이 고였다. 후회와 공포가 밤마다 그녀를 짓눌렀다.

"하나님께 맡겼어야 했는데… 우리가 너무 서두른 게 아닐까?"

롯 역시 변화하는 딸들의 모습을 보며 괴로움에 잠겼다. 그는 술에 취해 흐릿한 기억 속에서 단편적인 장면들을 떠올렸으나, 차마 진실을 붙잡을 용기가 없었다. 장막 안에 감도는 침묵은 그에게 모든 것을 말해 주고 있었다. 그러나 그는 묻지 않았다. 죄의 그림자가 이미 그의 영혼까지 드리운 탓이었다.

마침내 출산의 시간이 다가왔다. 장막 안에는 비명과 신음이 울려 퍼졌다. 산고의 고통 속에서 두 딸은 눈물을 흘리며 서로의 손을 붙잡았다. 아이의 첫 울음소리가 들려왔을 때, 그것은 생명의 신비였으나 동시에 죄의 무게가 남긴 메아리처럼 들렸다.

큰딸은 아들을 낳아 이름을 모압이라 불렀다. 그녀는 떨리는 손으로 아이를 안았으나, 눈빛에는 기쁨 대신 무거운 불안이 드리웠다.

작은딸도 아들을 낳아 이름을 벤암미라 했다. 그녀의 눈에는 모성의 본능과 함께 지울 수 없는 죄책감이 어른거렸다.

롯은 두 아이를 바라보며 깊은 침묵에 잠겼다. 아이들은 무죄한 생명이었지만, 그 탄생은 두려움이 낳은 선택의 열매였다. 그는 손자이자 아들의 피를 안고 있으면서도, 마음속에서는 불길한 예감이 떠나지 않았다.

"이 아이들이 훗날 무엇이 될까…"

그때 멀리, 아브라함의 장막에서는 다른 울음소리가 준비되고 있었다. 약속의 아들, 웃음의 이름을 가진 이삭이 곧 태어날 것이었다.

그러나 롯의 장막에서는 두려움과 죄책 속에 태어난 아이들의 울음이 메아리쳤다. 그 울음은 이스라엘을 괴롭힐 민족, 모압과 암몬의 시작이 되었다.

롯은 밤하늘을 올려다보며 한숨처럼 기도했다.

"주여… 제가 무엇을 남긴 것입니까? 구원받은 몸으로 왜 다른 심판의 씨를 뿌렸단 말입니까?"

붉은 불길의 잔상이 그의 눈앞에 여전히 어른거렸다. 그것은 과거의 기억이자, 미래의 경고였다.

14.
약속의 성취

세월은 무심하게 흘러갔다. 아브라함은 백세가 가까웠고, 사라는 구십 세가 되었다. 장막에는 여전히 가축의 울음과 종들의 발걸음이 분주히 오갔으나, 아이의 울음소리는 끝내 들리지 않았다. 기다림은 모래알처럼 쌓여 어느새 산이 되었고, 그 무게는 매일같이 두 사람의 어깨를 짓눌렀다.

사라는 매끈했던 젊은 시절의 얼굴 대신 깊게 새겨진 주름을 마주하며 한숨을 내쉬었다.

"나는 이제 여인이기를 멈췄구나… 내 몸은 메말랐고, 내 소망은 흩어진 먼지같구나."

장막 밖에서 들려오는 아이들의 웃음소리는 그녀의 가슴을 찌르는 비수 같았다. 밤이면 아브라함은 장막 앞에 홀로 앉아 별빛을 올려다보았다. 별 하나하나가 약속 같았지만, 손에 잡히지 않는 환영처럼 멀기만 했다.

"주여, 그 약속은 아직 살아 있습니까? 아니면 제 믿음이 제 자신을 속이고 있는 것입니까?"

그러나 침묵만이 답처럼 내려앉던 어느 날, 사라의 몸에 작은 변화가 찾아왔다.

처음에는 단순한 피곤함이라 여겼고, 다음에는 노쇠함 때문이라고 생각했다. 그러나 날이 갈수록 그녀의 몸은 분명히 새로운 생명을 품고 있었다. 사라는 믿기지 않는 듯 두 손으로 배를 감싸며, 속삭였다.

"정녕… 하나님께서 나를 기억하셨단 말인가?"

아브라함은 떨리는 사라의 손을 감싸쥐고 눈을 감았다. 그토록 오래 간구했던 기도가 이제 살처럼 자라나고 있었다. 눈앞의 변화가 약속의 성취임을 그는 알았다. 그의 눈시울이 뜨겁게 젖었다.

마침내 그날이 다가왔다. 새벽빛이 장막을 비출 무렵, 사라는 진통으로 몸을 웅크렸다. 종들은 분주히 뛰어다니며 물을 데우고, 여인들은 땀을 흘리며 그녀 곁을 지켰다. 아브라함은 장막 앞을 서성이며 하늘만 바라보았다.

"주여, 마침내 이 날이 오게 하셨군요."

그의 눈가에는 눈물이 고였다. 짧지 않은 고통의 시간이 지나고, 마침내 아기의 울음소리가 장막을 가르며 터져 나왔다. 그 울음은 마른 광야에 첫 비가 내리는 소리처럼 온 장막을 울렸다.

사라는 땀에 젖은 얼굴로 아들을 품에 안았다. 눈물이 그녀의 얼굴을 타고 줄기처럼 흘러내렸다.

"하나님께서 내게 웃음을 주셨다!"

아브라함이 장막 안으로 들어왔을 때, 그는 떨리는 손으로 아들을 받았다. 백세의 노인이었지만 그 손길은, 마치 젊은 아버지의 설레는

떨림으로 가득했다.

"그의 이름은… 이삭. '웃음'이라고 하자."

그 웃음은 이제 조롱이나 체념이 아니라, 절망을 뚫고 터져 나온 은혜의 기쁨이었다. 장막 안의 모든 사람들이 함께 웃었다. 종들도, 목자들도, 이웃도 모두 그 웃음에 동참했다.

사라는 가늘게 떨리는 목소리로 말했다.

"설마 사라가 아들을 안게 될 거라고 누가 말했겠어요? 하지만 하나님께서 이루셨어요. 이제 이 소식을 듣는 사람마다 나와 함께 기뻐하며 웃을 거예요."

밤마다 아브라함은 이삭을 품에 안고 장막에 앉아 하늘을 올려다보았다. 별빛은 여전히 수없이 쏟아졌다. 그는 속삭였다.

"주여, 당신은 제 웃음을 바꾸셨습니다. 절망의 웃음을 희망의 웃음으로, 불신의 웃음을 믿음의 웃음으로. 이 아이의 이름이 증거입니다. 이삭, 웃음."

사라는 아기를 품에 안고 나지막이 노래를 불렀다. 아들의 울음과 어머니의 노래가 어우러져 장막은 따뜻한 숨결로 가득 찼다.

별빛은 사라지지 않았다. 그 빛은 아브라함이 처음 약속을 받은 순간부터, 이제 아들을 안은 오늘까지 이어졌다. 언약의 웃음은 세대를 넘어 하나님의 신실하심을 증언하고 있었다.

15.
두 약속의 길

장막에는 날마다 웃음이 울려 퍼졌다. 이삭이 자라며 걷기 시작하자, 그의 작은 발걸음마다 사라는 웃음을 터뜨렸다.

"하나님께서 나에게 웃음을 주셨다."

오랜 기다림 끝에 얻은 약속의 아들을 품에 안은 사라의 웃음은 장막 전체를 환하게 밝혔다. 아브라함은 늙은 아버지의 손길로 그 아이를 바라보았다. 그의 눈길은 매 순간 이삭을 쫓았고, 그 웃음은 종들과 목자들, 그리고 이웃들의 마음까지 밝혀주었다.

그러나 웃음이 가득한 장막에도 또 다른 울음의 그림자가 드리워져 있었다. 이스마엘이었다. 그는 이미 소년으로 장성하여 활을 당기며 사막을 달렸고, 장막의 종들 사이에서 당당히 어울렸다. 그러나 동생 이삭을 바라볼 때마다 그의 눈빛은 흔들렸다.

"나는 아버지의 아들이 아닌가? 그런데 왜 모든 웃음은 동생에게만 향하는가…"

그의 마음 속에는 자부심과 사랑, 그러나 밀려난 듯한 쓸쓸함과 질투가 뒤엉켜 있었다.

잔치가 열린 날, 사라는 이스마엘이 어린 이삭을 비웃듯 놀리는 장면을 보았다. 소년의 웃음은 장난의 웃음이 아니라, 약속을 위협하는 웃음처럼 들렸다. 사라의 얼굴은 얼어붙었다. 그녀의 가슴 깊은 곳에서 오래 참아온 불안이 폭발했다.

그녀는 곧장 아브라함에게 달려가 분노와 슬픔이 뒤섞인 목소리로 외쳤다.

"여보, 저 여종과 그 아들을 내쫓으세요. 이 아들이 내 아들 이삭과 함께 기업을 얻지 못하게 해주세요."

아브라함의 마음은 찢어졌다. 이스마엘은 분명 그의 아들이었다. 어린 시절 그를 품에 안고 들었던 첫 울음, 활을 잡던 작은 손, 함께 웃던 기억이 아버지의 가슴을 무너뜨렸다.

그러나 사라의 눈빛은 단호했다. 그것은 단순한 질투가 아니라, 하나님의 약속을 지켜야 한다는 절박함이었다.

그날 밤, 아브라함은 장막 앞 모래 위에 무릎을 꿇었다. 사막의 바람은 차갑게 그의 얼굴을 스쳤고, 그는 떨리는 목소리로 기도했다.

"주여, 제게 어떻게 하라는 것입니까? 이 아이도 제 피붙이입니다. 제가 어찌 그를 버릴 수 있겠습니까?"

그때 하나님의 음성이 그의 영혼을 감쌌다.

"사라의 말을 들으라. 이삭에게서 난 자라야 네 씨라 부를 것임이니라. 그러나 이스마엘도 내가 큰 민족을 이루게 하리라."

아브라함은 두 손으로 얼굴을 가렸다. 마음은 여전히 무거웠으나, 그 음성은 분명했다. 약속은 이삭에게 있었고, 동시에 이스마엘 또한 버려지지 않을 것이라는 자비의 약속이 함께 주어졌다.

다음 날, 아브라함은 떨리는 손으로 떡과 물 한 가죽부대를 준비했다.

그는 하갈을 불러 조용히 말했다.

"하갈아… 나도 어쩔 수 없구나. 그러나 두려워하지 말아라. 하나님께서 너와 아이를 지켜주실 것이다."

하갈은 대답하지 못했다. 눈물이 얼굴을 타고 흘러내렸고, 그녀는 이스마엘의 손을 꼭 붙잡았다. 아브라함의 얼굴에는 아버지로서 다하지 못한 애틋함이 깊게 새겨졌다. 아브라함은 마지막으로 아들을 품에 안았다. 말하지 못한 수많은 말들이 목구멍까지 올라왔으나, 그는 눈물만으로 이별을 전했다.

마침내 하갈과 이스마엘은 광야를 향해 떠났다.

태양은 잔혹하게 내리쬐었고, 모래는 발밑에서 불처럼 달궈졌다. 모래바람은 가죽부대의 물을 더 빨리 말려갔다. 얼마 지나지 않아 물은 바닥났다. 목마름은 이스마엘의 어린 몸을 쓰러뜨렸고, 그는 모래 위에 쓰러져 숨을 몰아쉬었다.

하갈은 아이를 바라볼 수 없었다. 그녀는 아이를 나무 그늘 아래 눕히고, 몇 걸음 떨어져 주저앉아 울부짖었다.

"내가 아이가 죽는 것을 차마 보지 못하겠구나…"

그녀의 울음은 광야에 메아리쳤다. 그러나 그 순간, 하늘에서 음성이 들려왔다.

"하갈아, 두려워하지 말라. 하나님이 저기 있는 아이의 소리를 들으셨느니라. 일어나 아이를 붙들라. 내가 그로 큰 민족을 이루게 하리라."

그 목소리는 모래바람을 뚫고 스며든 생명의 숨결 같았다

하갈의 눈앞에 갑자기 샘물이 솟구쳤다. 그녀는 급히 물을 떠서 아이의 입술에 적셨다. 말라붙은 아이의 숨결이 다시 살아났고, 이스마엘의 눈이 천천히 떠졌다.

하갈은 흐느낌 속에 속삭였다.

"당신은 나를 보시는 하나님이십니다. 그리고 제 아들의 울음도 들으셨습니다."

광야의 바람은 여전히 거칠었으나, 하갈과 이스마엘의 걸음에는 새로운 힘이 깃들었다. 그들은 여전히 이방인, 여전히 떠도는 자였으나, 그들의 길은 하나님의 약속 속에 다시 열리고 있었다.

멀리서 아브라함의 장막에서는 이삭의 웃음소리가 울려 퍼졌다. 그러나 광야에서도, 버려진 듯 보이던 곳에서도, 또 다른 약속의 씨가 눈물 속에서 자라고 있었다.

하갈은 아들의 손을 꼭 잡았다. 눈물로 시작된 여정은 이제 하나님의 돌보심과 들으심 속에서 새로운 희망으로 이어지고 있었다.

16.
우물과 언약

가나안의 태양은 잔혹했다. 낮에는 모래 위가 불에 달군 쇠붙이처럼 달아올랐고, 밤에는 차가운 바람이 뼛속까지 스며들었다. 그 땅에서 우물은 곧 생명줄이었다. 우물을 차지하는 자가 생존을 거머쥐었고, 우물을 잃는 자는 사막에 삼켜졌다.

어느 날, 아브라함의 종들이 분노한 얼굴로 장막으로 몰려왔다. 땀과 흙으로 얼룩진 얼굴에는 억울함이 서려 있었다.

"주인님! 우리가 힘들게 판 우물을 블레셋 사람들이 빼앗아 갔습니다!"

그들의 목소리는 떨리고 있었고, 손에는 이미 무기를 움켜쥐고 있었다.

"이것은 모욕입니다! 우리가 목숨을 걸고 판 우물인데, 빼앗긴다면 우리 모두가 조롱거리가 됩니다!"

아브라함은 종들의 분노를 잠잠히 바라보았다. 그의 가슴에도 억울함이 치밀었지만, 깊은 곳에서 다른 음성이 속삭였다.

"아브라함! 칼이 아니라 믿음으로 싸우라."

아브라함은 숨을 고르며 결심했다. 전쟁으로 우물을 차지하기보다, 하나님께서 지켜 주시는 방법으로 우물을 지키기로 했다.

며칠 뒤, 블레셋 왕 아비멜렉이 장군과 신하들을 이끌고 아브라함의 장막을 찾았다. 긴장한 종들은 무기에 손을 얹고 왕의 무리를 노려보았다. 그러나 아브라함은 손을 들어 종들을 진정시키고 직접 나아가 왕을 맞았다.

아비멜렉이 먼저 입을 열었다.

"아브라함, 너는 어디서든 하나님께 복을 받은 자다. 하지만 내게 이런 소문이 들려왔다. 네 종들이 우리 땅의 우물을 차지했다는 것이다. 그러니 오늘 이 자리에서 언약을 맺어, 우리 사이에 다툼이나 거짓이 없게 하자."

아브라함은 잠시 침묵했다. 억울함이 가슴을 때렸지만, 그는 감정을 억눌렀다. 그리고 조용히 그러나 분명히 말했다.

"왕이여, 사실은 그 반대입니다. 당신의 종들이 저희의 우물을 빼앗았습니다. 그러나 나는 전쟁을 원치 않습니다. 오직 진실과 화해를 원합니다."

순간, 장막 앞에는 팽팽한 긴장감이 흘렀다. 종들의 눈빛은 여전히 불타올랐고, 아비멜렉의 장군들은 검잡이에 손을 얹은 채 노려보았다. 그러나 두 지도자의 시선은 흔들리지 않았다.

그러다 잠시 후, 아비멜렉의 눈빛이 조금 누그러졌다. 그는 아브라함의 담대함 속에서 단순한 속장이 아니라 하나님을 두려워하는 사람의 권위를 보았다.

잠시 무거운 침묵이 흘렀다. 종들은 여전히 칼을 움켜쥐고 있었지만,

아브라함은 전혀 다른 길을 택했다. 그는 양 떼에서 일곱 마리의 어린 암양을 따로 내어왔다. 종들이 웅성거렸다.

"우리는 전쟁을 원했는데, 주인은 양을 내놓으시다니…"

아브라함이 말했다.

"이 어린 양들을 내 손에서 받으십시오. 이것이 내가 판 우물이 내 것임을 증거하는 표가 될 것입니다."

아비멜렉은 잠시 놀란 눈빛으로 그를 바라보다가, 마침내 고개를 끄덕였다. 전쟁의 칼이 아닌, 어린 양의 순종으로 맺는 언약. 그것은 블레셋 왕에게 낯설었지만, 동시에 깊은 감동을 주었다. 두 사람은 서로의 눈을 마주하며 손을 맞잡았다.

그날, 그곳에서 화해의 언약이 세워졌다. 사람들은 그 우물을 브엘세바, 곧 '일곱의 우물, 언약의 우물'이라 불렀다.

처음에는 이해하지 못했던 종들도, 시간이 지나며 알게 되었다. 진정한 승리는 피로 얻는 것이 아니라, 믿음으로 세워진 화해 속에 있다는 것을.

해가 저물 무렵, 아브라함은 우물 곁에 서서 깊은 숨을 내쉬었다. 물은 잔잔히 반짝였고, 별빛이 우물 속으로 흘러내렸다. 그는 제단을 쌓고 여호와의 이름을 불렀다.

"주여, 당신은 이 땅의 주인이시며, 저의 생명과 후손을 지키시는 분이십니다. 저의 힘이 아니라, 당신의 이름으로 화해와 언약이 이루어졌습니다."

별빛은 사막 위에 쏟아졌고, 우물 위로는 은빛 물결이 번졌다. 그것은 단순한 물이 아니었다. 그것은 하나님께서 주신 평화의 표징이었다.

아브라함은 별을 올려다보며 속삭였다.

"주여, 저와 제 후손이 이 우물처럼 언제나 당신의 약속 안에서 살아가게 해주십시요."

17.
모리아 산의 시험과 여호와 이레

어느 날, 아브라함은 장막 앞에 서서 이삭을 바라보고 있었다. 소년은 활기차게 뛰어다니며 아버지를 향해 해맑게 웃었다. 그 웃음은 오랜 세월 기다림 끝에 얻은 보석 같은 기쁨이었다.

그러나 그 순간, 하나님의 음성이 그의 영혼을 찢고 들어왔다.

"아브라함."

"네, 주여."

"네 아들, 네 사랑하는 독자 이삭을 데리고 모리아 땅으로 가라. 내가 네게 지시하는 산에서 그를 번제로 드리라."

아브라함은 순간 그 자리에 얼어붙은 듯 서 있었다. 가슴이 무너져 내렸고, 숨이 막혀왔다. 귀는 믿을 수 없는 말씀을 들었으나, 마음 깊은 곳에서는 분명히 알았다. 그것은 하나님이셨다.

그날 밤, 그는 잠을 이루지 못했다. 곤히 잠든 이삭의 얼굴을 쓰다듬다가 눈물이 흘렸다.

"주여, 이 아이는 당신께서 주신 약속의 아들입니다. 그 아들을 번제로 바치라 하시니… 저는 무엇을 믿어야 합니까? 별처럼 많게 하실 후손의 약속은 어디 있는 것입니까?"

그때, 곁에서 뒤척이던 사라가 조용히 몸을 일으켰다. 그녀는 남편의 떨리는 어깨를 보고 속삭였다.

"여보, 왜 이리 근심이 깊으세요? 무슨 일이 있으세요?"

아브라함은 한동안 말없이 떨리는 손으로 얼굴을 감쌌다. 그리고 낮은 목소리로 힘겹게 내뱉었다.

"사라… 하나님께서 이삭을 번제로 드리라 하셨소."

사라는 순간 말을 잃었다. 눈을 크게 뜬 채 남편을 바라보다가, 이내 두 손으로 얼굴을 감쌌다.

"아니에요… 그럴 리가 없어요. 이 아이는 제 노년에 주신 기적이에요. 하나님께서 우리에게 웃음을 주셨잖아요. 그런데 어떻게 그 웃음을 이렇게 빼앗아 가신단 말인가요?"

아브라함은 눈을 감은 채 깊은 한숨을 내쉬었다.

"나도 알 수 없소. 내 가슴은 찢기듯 아프고, 믿음은 흔들리지만… 그분의 음성은 너무도 분명했소."

사라는 눈물이 가득한 눈으로 남편의 손을 붙잡았다.

"여보… 제발 다시 생각해 보세요. 이삭 없이는 제 삶도 없어요. 제가 차라리 이 자리에서 죽는 게 나아요. 하나님께서 약속을 이루신다고 하셨는데, 어찌 스스로 약속을 깨뜨리실 수 있단 말이에요?"

아브라함은 사라의 손을 꼭 잡았다. 그의 목소리는 떨렸지만 부드러웠다.

"사라… 나도 두렵소. 하지만 혹시 이 모든 것이 우리 믿음을 시험하시려는 것일지도 모르지 않소. 나는 이해할 수 없어도, 그분을 신뢰할 수밖에 없구려."

사라는 울음 섞인 목소리로 속삭였다.

"여보, 약속의 하나님을 믿고 싶어요. 그러나 내 아들을 잃는다는 생각만으로도 저는 숨이 막혀요…"

아브라함은 그녀를 끌어안았다. 그의 어깨는 떨리고 있었고, 그녀의 눈물은 그의 가슴에 젖어들었다.

"사라… 나도 같소. 하지만, 우리 둘 다 하나님을 붙잡아야 하오. 내가 그분의 뜻을 따를 때, 우리 가정도 그분의 손 안에 있을 것이오."

장막 안에는 이삭의 고른 숨소리만이 들려왔다. 부모의 가슴은 눈물로 타들어 갔지만, 아이의 잠든 얼굴은 평화로웠다.

남편이 밖으로 나가자, 사라는 홀로 무릎을 꿇었다. 눈물이 솟구쳐 두 손으로 얼굴을 감싼 채 떨리는 목소리로 기도했다.

"주여… 제 아들은 제 생명이고 제 웃음입니다. 약속이라 하시고 이제 데려가신다면… 저는 무엇으로 살아야 합니까? 하지만 제 연약함을 아시지 않습니까? 믿음 없는 제 마음을 불쌍히 여겨 주시고, 부디 이 아이와 우리 가정을 지켜 주십시오."

그녀의 기도는 흐느낌 속에서 하늘로 향했고, 장막 안은 무거운 침묵 대신 하나님께 닿는 떨림으로 가득했다.

그날 밤, 부부는 서로의 손을 꼭 붙잡은 채 긴 침묵 속에 앉아 있었다. 두려움과 절망이 그들을 에워쌌지만, 그 손길만은 마지막 남은 희망의 끈처럼 놓지 않았다.

아침이 밝자, 아브라함은 더 이상 망설이지 않았다. 나귀에 장작을 싣고, 두 종과 함께 이삭을 데리고 길을 나섰다.

사라는 멀리서 그들을 바라보며 눈물을 흘렸으나, 끝내 말 한마디 하지 못했다. 그 눈빛은 남편의 뒷모습과 아들의 걸음을 오래도록 붙들고 있었다.

사흘 동안 이어진 길, 아브라함의 마음은 무거웠고, 침묵은 돌보다 더 무겁게 내려앉았다. 밤이면 별빛이 쏟아졌지만, 그 별빛조차 그의 가슴을 위로하지 못했다.

사흘째 되는 날, 마침내 모리아 산이 눈앞에 드러났다.

아브라함은 종들에게 말했다.

"너희는 여기서 나귀와 함께 기다려라. 나와 아이는 저기 가서 하나님을 경배하고 돌아오겠다."

그는 장작을 이삭의 등에 지우고, 자신은 불과 칼을 들었다. 두 사람은 함께 산을 올랐다. 바람은 산등성이를 따라 불었고, 나뭇잎은 불길한 떨림처럼 흔들렸다.

그때 이삭이 고개를 들어 물었다.

"아버지, 불과 장작은 있는데 번제로 드릴 어린 양은 어디 있나요?"

아브라함의 발걸음이 순간 멈췄다. 그는 아들의 순수한 눈빛을 바라보며 속이 무너졌다. 그러나 입술은 떨리는 숨결 속에서 대답했다.

"내 아들아, 번제로 드릴 어린 양은 하나님께서 친히 준비하실 것이다."

그 말은 믿음의 고백이었으나, 동시에 아버지의 절규였다. 이삭은 여전히 이해하지 못했지만, 아버지의 눈빛 속에서 흔들리지 않는 믿음을 보았다.

모리아 산 정상에 도착했을 때, 아브라함은 깊은 숨을 내쉬었다. 바람은 차갑게 불어왔으나, 그의 이마에는 뜨거운 땀이 흘렀다.

그는 돌을 모아 제단을 쌓고, 장작을 가지런히 올려놓았다. 손끝은 떨렸고, 심장은 무너져 내릴 듯 쿵쾅거렸다. 이삭은 여전히 순수한 눈빛으로 아버지를 바라보았다.

"아버지, 무엇을 하시려는 거에요?"

아브라함은 대답하지 못했다. 그는 아들을 붙잡아 제단 위에 눕혔다. 이삭은 놀란 눈으로 아버지를 바라보았지만, 저항하지 않았다. 그 눈빛 속에는 두려움보다도 이해할 수 없는 신뢰가 담겨 있었다.

아브라함의 손이 아들의 몸을 묶었다. 장작 위에 놓인 아들의 모습은 그의 영혼을 산산이 부수는 듯했다. 눈물이 차올랐으나, 그는 손을 떼지 않았다.

마침내 칼을 들어 올렸다. 칼끝이 햇빛을 받아 차갑게 반짝였다. 그의 팔은 공중에서 떨렸고, 마음속에서는 절규가 울려 퍼졌다.

"주여, 제가 이 아이를 드립니다… 그러나 제 심장을 찢는 것과 같습니다!"

바로 그 순간, 하늘에서 강한 음성이 울려 퍼졌다.

"아브라함! 아브라함!"

아브라함은 놀라 칼을 멈추고 고개를 들었다.

"네, 주여!"

"그 아이에게 네 손을 대지 말라. 아무 일도 하지 말라. 네가 네 아들, 네 독자라도 내게 아끼지 아니하였으니, 이제야 네가 하나님을 경외하는 줄을 아노라."

아브라함의 손에서 칼이 힘없이 떨어졌다. 그는 눈물을 터뜨리며 제단 위에 엎드렸다. 이삭은 여전히 묶인 채 눈을 크게 뜨고 있었으나, 아버지의 눈빛 속에서 두려움 대신 깊은 안도와 사랑을 느꼈다.

그때, 수풀 속에서 몸부림치는 소리가 들렸다. 뿔이 걸린 수양 한 마리가 있었다. 마치 이삭 대신 붙들린 희생양처럼 보였다. 아브라함은 급히 수양을 잡아 이삭 대신 번제로 드렸다. 불길이 타오르며 제단 위에서 연기가 솟아올랐다.

아브라함은 두 손을 하늘로 들어 올리며 속삭였다.

"여호와 이레… 주께서 친히 준비하셨습니다."

이삭은 아버지 곁에서 제단을 바라보았다. 놀람과 두려움으로 가득 찼던 눈빛 속에, 점차 아버지에 대한 믿음과 알 수 없는 평안이 스며들었다.

"아버지… 하나님께서 정말 어린 양을 준비하셨군요."

아브라함은 아들을 끌어안았다. 이번 눈물은 두려움이 아니라 감사였다.

"그렇다, 내 아들아. 하나님은 결코 우리를 버리지 않으신다. 우리의 순종을 시험하시지만, 결국은 친히 길을 예비하신단다."

그때 하나님의 음성이 다시 들려왔다.

"네가 네 아들, 네 독자도 아끼지 아니하였으니, 내가 네게 큰 복을 주고 네 씨가 하늘의 별과 같이, 바닷가의 모래와 같이 많게 하리라. 네 씨로 말미암아 천하 만민이 복을 얻으리니, 이는 네가 내 말을 준행하였음이라."

아브라함은 땅에 얼굴을 대고 눈물을 흘리며 고개를 숙였다. 그의 온 존재가 하나님 앞에 산 제물처럼 드려졌다.

아브라함과 이삭은 산에서 내려오며 서로의 손을 꼭 잡았다. 그들의 발걸음은 무겁지 않았다. 이제 두려움과 무너짐의 자리를 지나, 신뢰와 감사가 그들의 길을 함께 걸어가게 했다.

그날 이후, 사람들은 그 산을 여호와 이레라 불렀다. "여호와의 산에서 준비되리라."는 이름은 세대를 넘어 전해졌다.

별빛은 여전히 밝게 빛났고, 아브라함과 이삭의 눈에도 새로운 빛이 어렸다. 하나님은 시험 가운데서도 길을 예비하시는 분임을, 그들은 몸과 마음으로 깨달았다.

18.
사라의 죽음

모리아 산에서 돌아온 후, 아브라함은 이전과 달라져 있었다. 그의 눈빛은 더 깊어졌고, 그의 기도는 더욱 길어졌다. 그러나 장막 안에는 여전히 익숙한 웃음소리가 울려 퍼졌다. 이삭이 천진한 웃음을 터뜨리며 장막 사이를 뛰어다니는 모습은 아브라함에게 살아 있는 약속의 증거였다. 사라는 그 아이를 바라볼 때마다 감사의 눈빛을 지녔고, 아브라함은 그 웃음 속에서 하나님의 신실하심을 다시금 확인했다.

그러나 세월은 누구도 피해 가지 못했다.

사라는 점점 기력이 쇠약해졌고, 얼굴의 주름마다 세월의 무게가 새겨졌다. 어느 날, 그녀는 갑작스러운 병을 얻어 자리에 눕게 되었다.

이삭은 어머니 곁에서 눈물을 머금고 손을 잡았다.

"어머니, 일어나세요. 저와 아버지를 두고 떠나시면 안 돼요."

사라는 힘겹게 미소를 지으며 그의 머리를 쓰다듬었다.

"내 아들아, 네 웃음은 하나님께서 내게 주신 기적이란다.

이제는 네가 아버지의 믿음을 이어 가야 한다."

아브라함은 밤낮으로 사라 곁을 지켰다. 모리아 산에서 칼을 들던 그의 손은 이제 차가워져 가는 아내의 손을 꼭 붙잡고 있었다. 그는 눈물을 감추려 했으나, 눈가에는 주름과 함께 끊임없이 눈물이 고였다.

"사라… 당신이 나와 함께 걸어온 길이 너무 멀고도 힘했구려. 우르를 떠난 날부터 광야의 기근, 애굽의 두려움, 이삭을 기다리던 긴 세월까지… 당신이 없었다면 나는 여기까지 오지 못했을 것이오."

사라는 숨을 고르며 마지막 힘을 다해 속삭였다.

"아브라함, 당신은 하나님을 따라 떠난 자이고, 나는 당신을 따라 떠난 자였지요. 하지만 그 길 위에서 나는 웃음을 얻었고, 하나님께서 나를 기억하셨음을 보았어요. 나는 만족해요."

그녀의 흐린 눈에는 잠시 옛날의 하늘이 스쳤다. 우르의 풍경, 낯선 광야, 애굽의 두려움… 그러나 끝내는 약속의 웃음을 안았던 순간이 마지막 장면처럼 마음에 남았다. 그녀의 입술에 마지막 미소가 번졌다. 그리고 이내 숨결은 잦아들고, 사라의 눈은 영원히 감겼다.

장막 안은 깊은 정적에 잠겼다. 아브라함은 그녀의 손을 붙잡고 울부짖었다.

"사라여… 나의 반려자여… 당신은 나와 함께 걸어온 유일한 동반자였는데, 이제는 나를 두고 떠나는구려!"

그의 통곡은 장막 밖으로 흘러나왔다. 종들과 목자들, 여인들이 모두 달려와 땅에 무릎을 꿇고 눈물을 흘렸다. 오랜 세월 아브라함의 곁을 지킨 사람들에게도 사라는 어머니와 같은 존재였다. 그녀는 장막의 질서를 세우고, 병든 자를 위로하며, 나그네를 맞이하던 여인이었다. 그 빈자리는 누구에게나 큰 슬픔이었다.

이삭은 어머니의 얼굴에 뺨을 대고 흐느꼈다.

"어머니… 어머니를 잊지 않을께요. 어머니가 가르쳐 주신 믿음, 제가 꼭 지켜 나갈께요."

사라의 죽음은 단지 한 가정의 슬픔만은 아니었다. 아브라함의 장막 전체, 그리고 그와 함께 머물던 이방인 공동체에게도 큰 슬픔이었다. 사람들은 서로의 손을 붙잡고 울었고, 장막에는 며칠 동안 곡성이 이어졌다.

해가 떠오르자, 아브라함은 눈물을 닦고 일어섰다. 그는 헷 족속에게 나아가 무덤을 구했다.

"나는 당신들 중에 나그네요 거류민이니, 내 아내를 장사할 묘실을 주어 내 곁에서 장사하게 해주십시오."

그는 은 사백 세겔을 지불하고 막벨라 굴을 샀다. 사람들은 그 값이

지나치게 크다며 수군거렸지만, 아브라함은 조금도 망설이지 않았다.

"이 땅은 단순한 무덤이 아니라, 하나님께서 내 후손에게 주실 약속의 땅의 증거입니다."

사라의 장례에는 종들과 목자들, 이웃들이 함께했다. 여인들은 곡을 하며 장막을 떠났고, 남자들은 장례 행렬을 이끌었다. 막벨라 굴 앞에 다다르자, 사람들은 모두 땅에 엎드려 눈물을 흘렸다.

사라의 몸은 막벨라 동굴에 안치되었다. 동굴 앞의 올리브 나무 가지가 바람에 흔들리며 은빛으로 반짝였다. 마치 하나님께서 준비하신 안식의 손수건이 그녀를 감싸는 듯했다.

아브라함은 무덤 앞에 무릎을 꿇고 오랫동안 울었다. 그러나 그 눈물 속에는 단순한 슬픔만이 아니라, 믿음으로 함께 걸어온 길에 대한 감사도 담겨 있었다.

밤이 깊어지자 별빛이 무덤 위로 쏟아졌다. 이삭은 아버지 곁에 앉아 하늘을 바라보며 속삭였다.

"아버지, 어머니는 이제 하나님 안에서 평안히 쉬고 계실 거예요."

아브라함은 아들의 어깨를 끌어안으며 대답했다.

"그래, 아들아. 어머니는 이제 하나님의 품에 안기셨다. 하지만 어머니가 남긴 웃음과 믿음은 여전히 우리 곁에 남아 있다. 하나님께서 그 기억을 통해 우리를 위로하시고, 앞으로의 길을 인도해 주실 것이다."

막벨라 동굴 앞의 바람은 잔잔했다. 그것은 마치, 오랜 여정을 마치고 안식에 든 사라의 영혼을 향한 하늘의 위로처럼 느껴졌다.

19.
리브가의 등장과 약속의 계승

사라가 막벨라 굴에 안치된 후, 아브라함의 장막은 한동안 침묵에 잠겨 있었다. 장막의 빈자리는 너무 컸다. 아브라함은 매일 무덤을 찾아가 사라를 떠올렸고, 돌아오는 발걸음마다 그의 마음은 깊이 꺼져 내렸다.

그러나 세월은 조용히 속삭였다.

"너의 세대는 저물고 있다. 이제 약속은 아들의 세대에서 이어져야 한다."

아브라함은 노쇠했으나, 그의 눈빛은 여전히 하나님의 언약을 붙잡고 있었다. 어느 날, 그는 집안에서 가장 신실한 늙은 종을 불렀다. 젊은 시절부터 곁을 지켜온 충직한 종은 주인의 눈빛만 보고도 무슨 일이 일어날지 감지할 수 있었다.

아브라함이 무겁지만 분명한 목소리로 말했다.

"내 아들 이삭을 위하여 아내를 택해야 한다. 그러나 이 가나안 사람들 중에서는 안된다. 하나님께서 나를 불러내신 고향, 내 친족의 땅에서 여인을 데려와야 한다."

종은 놀라 고개를 들었다.

"주인님, 만일 그 여인이 저를 따라오지 않으려 하면 어찌해야 합니까? 이삭을 데리고 그곳으로 가야 합니까?"

아브라함은 단호히 고개를 저었다.

"아니다. 내 아들은 다시 옛 땅으로 돌아가서는 안 된다. 하나님께서 이 땅을 우리 후손에게 주시리라 약속하셨다. 반드시 이 땅에서 하나님의 뜻이 이루어져야 한다. 여호와께서 천사를 네 앞서 보내실 것이다."

그는 종에게 맹세를 요구했다. 종은 주인의 허벅지 밑에 손을 두고, 하나님과 주인 앞에서 엄숙히 서약했다. 그의 마음은 떨렸지만, 동시에 사명을 완수해야 한다는 불타는 의지가 가슴을 채웠다.

종은 낙타 열 마리와 값진 예물을 준비했다. 장정들과 함께 먼 길을 떠나는 그의 어깨에는 무거운 책임이 짓눌려 있었다. 그는 매일같이 기도하며 발걸음을 옮겼다.

"주여, 저를 인도해 주십시요. 주인님의 뜻이 주님의 뜻 안에서 이루어지게 해주십시오."

마침내 그는 메소포타미아 땅, 나홀의 성읍 근처에 이르렀다. 해가 저물 무렵, 우물가에는 여인들이 물동이를 이고 물을 길으러 내려왔다. 종은 그 모습을 바라보다가 무릎을 꿇고 간절히 기도했다.

"주여, 제 주인 아브라함의 하나님이여. 오늘 저에게 은혜를 베풀어 주십시오. 제가 한 소녀에게 물을 달라 하면, 그녀가 '당신만 아니라 낙타들에게도 물을 주리라' 한다면, 그가 주께서 택하신 이삭의 아내인 줄 알겠습니다."

그의 기도가 끝나기도 전에, 한 소녀가 물동이를 이고 우물가로 내려왔다. 이름은 리브가. 단정하고 성실해 보였으며, 눈빛 속에는 선한 빛이 어른거렸다.

종이 다가가 간청했다.

"소녀여, 내게 물을 조금 마시게 해 다오."

리브가는 주저하지 않고 물을 내어주었다. 그리고 덧붙였다.

"당신의 낙타들도 마시게 하리이다."

그녀는 지치지 않고 우물에서 물을 퍼 올려 낙타 열 마리에게 먹였다. 갈증에 지쳐 있던 낙타는 끝없이 물을 들이켰으나, 리브가는 땀에 젖은 얼굴로도 멈추지 않았다. 종은 그 광경을 보며 눈시울이 뜨거워졌다.

"주여, 제 기도에 응답하셨습니다. 이 여인이 바로 주께서 택하신 여인입니다."

종은 감격하여 리브가에게 금 귀걸이와 팔찌를 내어주며 물었다.

"소녀여, 네 아버지는 누구냐? 네 집에 우리가 머물 곳이 있느냐?"

리브가는 대답했다.

"나는 밀가가 나홀에게서 낳은 아들 브두엘의 딸입니다. 우리 집에는 낙타와 종들이 쉴 곳이 충분합니다."

종은 땅에 엎드려 하나님께 경배했다.

"주여, 주님께서 제 주인 아브라함을 위하여 저를 인도하셨습니다!"

리브가는 달려가 집안에 소식을 전했다. 오라비 라반은 낙타와 장정, 또 리브가의 귀에 걸린 금 귀걸이와 팔찌를 눈여겨보더니, 서둘러 그들을 맞으며 말했다

"여호와께서 인도하셨으니, 우리 집에 들어오십시오."

그날 밤, 종은 식탁에서 모든 여정을 설명했다. 아브라함의 부탁, 하나님께 드린 기도, 그리고 리브가를 만난 기적 같은 응답까지. 라반과 브두엘은 고개를 끄덕였다.

"이 일은 여호와께서 하신 일이니, 우리가 좋다 나쁘다 말할 수 없습니다. 리브가를 이삭의 아내로 데려가십시오."

그러나 다음 날 아침, 가족들은 머뭇거리며 말했다.

"리브가가 열흘만 더 우리와 함께할 수 있도록 허락해 주실 수 있겠습니까?"

종은 애타게 간청했다.

"부디 저를 더 이상 붙들지 말아주십시오. 여호와께서 제 길을 순탄하게 인도하였으니, 제가 속히 주인에게로 돌아가도록 허락해 주십시오."

그들은 마침내 리브가에게 물었다.

"네가 이 사람을 따르겠느냐?"

장막 안은 숨조차 가쁘게 느껴질 만큼 정적에 잠겼다. 어머니는 눈가에 눈물을 적시며 딸의 손을 붙잡았다.

"얘야, 너는 아직 어리다. 낯선 땅, 알지도 못하는 사람에게로 간다는 게 얼마나 두려운 일이겠니. 며칠만이라도 우리 곁에 있어다오."

라반은 말없이 지켜보았다. 마음 한편으로는 잠시 이익을 따지는 생각이 스쳤지만, 결국 그는 동생의 결단을 존중해야 한다는 것을 알고 있었다.

리브가는 눈을 감았다. 그녀의 가슴 속에서는 두 목소리가 치열하게 싸우고 있었다.

"떠나야 한다. 하나님의 부르심이다."

"남아야 한다. 가족의 품이 더 안전하다."

숨을 고른 뒤, 그녀는 천천히 눈을 떴다. 두려움의 그림자를 뚫고 선명하게 빛나는 믿음이 눈빛 속에서 타올랐다.

"가겠습니다."

짧은 대답이었으나, 그것은 한 소녀의 결심을 넘어 하나님의 약속을 향한 담대한 순종의 고백이었다.

리브가는 하녀들과 함께 낙타에 올라 긴 여정을 떠났다. 광야의 바람은 매섭게 불었지만, 그녀의 마음은 흔들리지 않았다. 낯선 땅과 낯선 남자에게로 가는 길이었으나, 그녀는 하나님의 손길이 자신을 붙들고 있음을 느꼈다.

한편, 이삭은 들판에 홀로 앉아 있었다. 어머니 사라의 죽음은 그의 마음에 깊은 그림자를 드리웠다. 장막은 여전히 분주했지만, 그 안에는 더 이상 어머니의 웃음이 없었다. 어린 시절부터 언제나 곁을 지켜주던 그 따뜻한 손길이 사라진 자리에서, 그는 자주 하늘을 올려다보며 속삭였다.

"하나님, 어찌하여 제 마음이 이토록 비어 있습니까? 아버지는 믿음으로 여정을 이어가시지만, 저는 여전히 어머니의 빈자리를 채우지 못하고 있습니다."

그날도 저녁 무렵, 이삭은 묵상을 위해 들판을 거닐다가 먼 곳에서 낙타 행렬이 다가오는 것을 보았다. 그의 가슴은 알 수 없는 떨림으로 가득 찼다. 어머니를 잃은 후 메마른 듯했던 마음이, 지금은 이상하게도 따뜻하게 두드려지고 있었다.

그때, 리브가는 낯선 땅의 바람을 맞으며 멀리 서 있는 한 남자의 모습을 보았다. 그의 어깨는 굳건했으나, 얼굴에는 깊은 그늘이 드리워져 있었다. 그러나 그 눈빛 속에는 설명할 수 없는 따뜻함이 배어 있었다. 그 모습은 낯설었으나, 동시에 오래 전부터 기다려온 사람처럼 느껴졌다.

이삭은 가까워지는 낙타들 사이에서 한 여인의 시선을 느꼈다. 그녀는 얼굴을 가렸지만, 그 움직임 속에는 두려움보다 더 큰 결심이 담겨 있었다.

"주여… 이 여인이 바로 제 아내입니까?"

그의 눈가에는 모르는 사이에 눈물이 맺혔다.

리브가는 손끝으로 천을 잡아 내리며 조용히 속삭였다.

"주여, 이 사람이 제 길 끝에서 만나게 하신 분입니까?" 그 순간 그녀의 마음에는 설명할 수 없는 평안이 흘러들었다.

멀리서 서로의 시선이 스쳤다. 말 한마디 없었지만, 그 순간 두 사람은 알았다. 이 만남은 우연이 아니라, 하나님의 손길로 준비된 약속의 만남임을.

종이 낙타에서 내려와 이사에게 다가와 모든 일을 보고했다.

"주께서 인도하신 대로, 이 여인을 당신의 아내로 데려왔습니다."

이삭의 눈빛이 리브가에게 닿았다. 그 순간, 오랫동안 무겁게 짓눌러 왔던 고독이 서서히 풀려나갔다. 어머니의 빈자리로 인해 늘 쓸쓸히 들판을 헤매던 마음이 따뜻한 숨결로 채워지는 듯했다. 그는 마음속으로 속삭였다.

"주여, 제 기도를 들으셨군요. 어머니의 빈자리를 채워주실 위로를 보내주셨군요."

이삭은 조용히 리브가를 장막으로 이끌며 말했다.

"이제, 당신과 함께 새로운 길을 걸어가겠소."

그날 이후, 장막에는 다시 웃음소리가 울려 퍼졌다. 그러나 이번 웃음은 단순한 기쁨이 아니라, 세대를 이어가는 하나님의 언약의 웃음이었다.

멀리서 이 모습을 바라보던 아브라함의 눈에는 눈물이 맺혔다. 그러나 이번 눈물은 슬픔이 아니라, 미래에 대한 감사와 희망의 눈물이었다.

"주여, 당신의 약속은 계속 이어지고 있습니다. 저의 세대가 저물어 가도, 당신의 말씀은 언제나 살아 움직이고 계십니다."

밤하늘에 별빛이 쏟아졌다. 사라의 무덤이 있는 막벨라 동굴은 고요히 빛나고 있었고, 이삭과 리브가의 장막에서는 새로운 웃음소리가 울려 퍼졌다. 믿음의 여정은 세대를 넘어, 여전히 이어지고 있었다.

20.
아브라함의 노년과 마지막 날들

아브라함은 어느새 백칠십오 세가 되었다. 세월은 그의 몸에 깊은 주름을 새겼고, 걸음은 느려졌으며, 머리카락은 흰 눈처럼 희어졌다. 그러나 그의 눈빛만은 여전히 맑고 깊었고, 그 안에는 하나님과 함께 걸어온 여정의 흔적이 반짝이고 있었다.

어느 날 저녁, 아브라함은 장막 앞에 앉아 천천히 고개를 들어 하늘을 바라보았다. 광야의 하늘에는 수많은 별이 떠올라 밤을 가득 채우고 있었다. 곁에 다가온 이삭이 아버지 곁에 앉자, 두 사람의 눈길은 같은 하늘을 향했다.

아브라함은 손을 뻗어 별빛을 가리키며 미소 지었다.

"이삭아, 저 별들을 보아라. 네가 어릴 적부터 수도 없이 바라본 하늘이지. 그러나 저 별 하나하나에는 아버지의 눈물과 믿음이 담겨 있단다. 저 별은 하나님의 신실하심의 증거다. 사람의 눈에는 약속이 늦어지는 것 같아도, 하나님께서는 반드시 이루시는 분이시다. 네가 어떤 길을 가더라도 반드시 주의 말씀을 붙들어라. 그것이 아버지가 너에게 남기는 마지막 유산이다."

이삭은 조용히 고개를 끄덕였다. 그의 눈빛은 어머니 사라를 떠올릴 때의 슬픔보다 더 깊은 이해와 다짐으로 빛났다. 별빛은 두 사람의 얼굴을 고요하게 비추었고, 바람은 장막의 천을 흔들며 그 대화를 함께 듣는 듯했다.

그날 밤, 아브라함은 홀로 별빛을 올려다보며 속삭였다. 그러나 그의 속삭임은 조용히 곁에 누운 이삭의 귀에도 흘러 들어갔다.

"주여, 제가 걸어온 길을 돌이켜보면 실로 두려움과 흔들림의 연속이었습니다. 기근이 닥쳤을 때, 당신의 약속을 기다리지 못하고 애굽으로 내려갔던 제 모습… 두려움에 아내를 누이라 속였던 비겁한 날들… 기다림이 길어 사라와 함께 인간적인 방법으로 이스마엘을 얻었던 연약함… 이 모든 잘못 속에서도 주님은 저를 버리지 않으셨습니다. 이제야 알겠습니다. 믿음은 제 의지나 힘이 아니라, 끝까지 신실하신 당신의 손길이었습니다."

아브라함은 눈을 들어 별빛을 오래 바라보다가 다시 속삭였다.

"주여, 처음 제가 이 별들을 올려다보았을 때, 당신은 저에게 말씀하셨지요. '네 자손이 이와 같으리라.' 그때 저는 아이 하나 없었고, 제 몸은 이미 늙어 있었으며, 사라는 더 이상 여인으로서 소망이 없었습니다. 그러나 오늘 제 곁에는 이삭이 있습니다. 그 아이의 웃음 속에, 주님의 언약이 이어지고 있습니다."

"주여, 제 생애의 끝에서 다시 이 별들을 바라보며 고백합니다. 모든 것은 제 믿음이 아니라, 당신의 신실하심이었습니다. 당신께서 약속을 이루셨습니다."

그 순간, 이삭은 이불 속에서 눈을 꼭 감은 채 아버지의 고백을 듣고 있었다. 눈시울이 뜨겁게 젖어들었고, 그의 마음은 깊은 감동으로 가득 찼다. 어린 시절부터 들어왔던 아버지의 믿음의 이야기들이 이제는 단순히 전해 들은 이야기가 아니라, 아버지의 삶으로 증명된 진실임을 깨달았다.

그는 조용히 속으로 기도했다.

"주 하나님, 아버지의 하나님이여… 이제는 제 하나님이 되어 주십시요. 아버지의 눈물과 믿음이 별빛에 담겼다면, 제 삶은 그 빛을 이어가는 길이 되게 해주십시요. 저도 아버지처럼 당신의 말씀을 믿고 따르는 자가 되기를 원합니다."

별빛은 아버지와 아들의 얼굴을 고요히 비추었고, 세대를 넘어 이어질 믿음의 언약이 그 빛 속에서 더욱 선명히 빛나고 있었다.

세월이 흐르면서, 아브라함의 시선은 별빛에서 천천히 장막으로 옮겨졌다. 오랜 세월 나그네로 살아온 그의 장막은 이제 단순한 거처가 아니었다. 광야의 황량한 바람 속에서도 장막은 작은 마을처럼 북적였고, 많은 이들이 모여드는 공동체의 중심이 되어 있었다.

낯선 이방인도, 오랜 세월 그를 따라온 종들도, 이제는 모두 아브라함의 가족이자 하나님의 약속에 참여한 자들이 되었다. 사람들은 그를 단순히 족장이라 부르지 않았다. "믿음의 아버지"라는 이름으로 불렀고, 그의 목소리에는 세월의 무게와 함께 하나님과 동행한 자만이 전할 수 있는 권위가 실려 있었다.

저녁이면 젊은이들이 그의 곁에 앉았다. 그들은 그의 입술에서 흘러나오는 옛 이야기, "우르에서의 출발, 하란을 거쳐 가나안으로 온 여정, 기근과 애굽에서의 시험, 그리고 별빛 아래서 주셨던 하나님의 약속"을 숨죽이며 들었다. 아이들은 눈을 반짝이며 질문했고, 어른들은 고개를 끄덕이며 지혜를 새겼다. 아브라함의 인생은 단지 한 사람의 역사가 아니라, 세대와 세대를 잇는 믿음의 교과서가 되어 있었다.

그러나 그의 마음 한켠에는 늘 사라가 있었다. 해가 저물면 그는 어김없이 막벨라 동굴로 발걸음을 옮겼다. 무덤 앞에 앉으면 광야의 바람조차 잠잠해지는 듯했고, 별빛은 무덤 위로 고요히 내려앉

앉다. 그는 때로는 눈을 감고 기도했고, 때로는 마치 곁에 있는 듯 아내에게 말을 걸었다.

"사라, 우리가 함께 걸어온 길이 참으로 멀고도 험했구려. 우르의 부요한 집을 떠나 광야의 낯선 길을 걸으며, 기근의 두려움 속에 떨던 날도 있었지. 때로는 믿음이 흔들리고, 때로는 서로를 원망하기도 했었지. 그러나 그 모든 여정 속에서 하나님께서는 우리를 붙드셨고, 마침내 이삭을 안게 하셨지. 이제 곧 나도 당신을 따라갈 것이오. 그러나 걱정하지 마오. 우리의 웃음은 이삭과 리브가의 장막 속에서 여전히 살아 있소. 그들의 웃음은 우리의 여정이 헛되지 않았음을 증거하고 있소."

그는 동굴 앞에 오래도록 앉아, 돌 위에 손을 얹고 속삭였다. 눈가에는 세월의 깊은 주름과 함께 눈물이 맺혔으나, 그 눈물은 슬픔만이 아니었다. 긴 여정을 함께 걸어온 동반자에 대한 감사, 그리고 하나님에 대한 신뢰가 담긴 눈물이었다.

이삭은 멀찍이 서서 아버지의 등을 바라보고 있었다. 어머니 사라의 부재는 여전히 그의 마음을 저리게 했지만, 아버지의 고백과 눈물을 보며 깨달았다. 그가 이어가야 할 길은 단순히 아버지의 전통이 아니라, 하나님께서 친히 세우신 약속의 길이라는 것을. 별빛 아래 그는 속으로 기도했다.

"주 하나님, 아버지의 하나님이여… 이제는 제 하나님이 되어 주십시요. 아버지의 믿음과 눈물이 제 삶 속에서도 살아 있게 하시고, 제가 그 약속을 이어 가게 해주십시요."

리브가는 남편 이삭 곁에서 그의 눈빛을 지켜보았다. 낯선 땅으로 떠나온 자신의 발걸음이 단순한 혼인의 길이 아니라, 하나님의 약속을 이어가는 여정임을 깊이 깨달았다. 그녀는 조용히 손을 모아 기도했다.

"하나님, 저를 이곳으로 부르신 뜻을 알겠습니다. 저의 삶을 통해 새로운 세대가 주님의 언약을 더욱 굳게 붙들게 해주십시오. 제가 남편 이삭의 곁에서 믿음을 함께 지켜 나가게 해주십시오."

별빛은 장막 위에 고요히 쏟아졌다. 그 빛은 사라의 무덤을 감싸 안았고, 아브라함의 회상 속에도, 이삭의 다짐 속에도, 리브가의 기도 속에도 스며들었다. 하나님의 언약은 한 세대에서 다음 세대로, 눈물과 웃음을 넘어 끊임없이 이어지고 있었다.

세월이 더 흐르자 아브라함의 몸은 쇠약해져 장막 밖으로 나가는 것조차 힘겨워졌다. 걸음은 떨렸고, 호흡은 가빠졌으며, 눈은 흐려졌지만 그의 영혼에는 여전히 별빛 같은 믿음이 반짝이고 있었다. 임종이 가까워지자, 그의 곁을 지키던 이는 아들 이삭이었다. 이삭은 아버지의 손을 꼭 붙잡고 속으로 기도했다.

'주여, 제 아버지를 평안히 품어 주십시오. 제가 그 믿음을 이어 가겠습니다.'

얼마 후, 멀리 떨어져 지내던 이스마엘도 소식을 듣고 장막에 들어섰다. 오랜 세월의 거리와 아픔이 있었지만, 아버지의 마지막 순간을 함께하기 위해 고개를 숙였다. 두 형제의 눈길이 잠시 마주쳤다. 그 사이에는 어린 시절의 기억과 긴 세월의 간극이 얽혀 있었지만, 아버지의 숨결이 점점 가늘어져 가는 지금, 그 모든 감정은 잠시 내려놓아야 했다.

아브라함은 힘겹게 몸을 일으키려 애쓰더니, 두 아들의 손을 붙잡았다. 그의 손은 마치 마른 나무가지처럼 약해졌으나, 그 손끝에는 여전히 하나님의 언약을 붙든 힘이 담겨 있었다. 그는 떨리는 목소리로 그러나 분명하게 말했다.

"이삭아… 너는 하나님께서 약속하신 상속자다. 네 후손을 통해 큰 민족을 세우실 것이다. 그 언약은 변하지 않는다. 이스마엘아… 너도 큰 민족의 아버지가 될 것이다. 주께서 네 삶도 붙드실 것이다.

너희의 길은 서로 다르지만, 모두 하나님의 손 안에 있음을 잊지 마라."

그의 눈에는 두 아들을 향한 깊은 애정이 비쳤다.

"그러니 원망 대신 화해를 택하거라. 서로의 길을 존중하고, 하나님 안에서 형제로 남거라. 그것이 내가 너희에게 남기는 마지막 당부다."

그 목소리는 약했지만, 장막 안을 가득 메우는 울림이 있었다. 마치 하나님께서 친히 말씀하시는 듯한 권세와 사랑이 스며 있었다. 이삭과 이스마엘은 잠시 서로를 바라보다가, 말없이 고개를 끄덕였다. 그들의 눈가에는 눈물이 맺혔고, 가슴에는 오랜 갈등을 녹여내는 뜨거운 감동이 번져갔다.

그 순간, 장막 안은 더 이상 슬픔의 자리만이 아니었다. 그것은 한 세대의 끝과 새로운 세대의 시작이 이어지는 자리, 믿음의 언약이 화해와 사랑 속에서 다시금 굳게 세워지는 자리였다.

그날 밤, 아브라함은 마지막 힘을 내어 고개를 들어 하늘을 바라보았다. 흐려진 눈에도 광야의 하늘은 여전히 별빛으로 가득 차 있었다. 그는 마치 그 별 하나하나가 자신의 여정을 지켜본 동반자처럼 느껴졌다. 젊은 날 우르를 떠나던 순간, 기근으로 애굽에 내려갔던 시간, 모리아 산에서 떨리는 손으로 칼을 들던 기억까지… 모든 순간이 별빛 속에서 되살아났다.

그의 눈가에는 눈물이 맺혔으나, 그것은 더 이상 두려움이나 슬픔의 눈물이 아니었다. 오랜 여정의 끝에서 흘러나온 감사와 평안의 눈물이었다.

그는 마지막으로 떨리는 숨을 고르며 기도했다.

"주여… 이제 저는 모든 것을 당신께 맡기고 떠나려 합니다. 저는 흙에서 와서 흙으로 돌아가지만, 당신의 언약은 영원합니다. 저의 이름은 작은 이름에 불과하지만, 당신의 말씀은 세대를 넘어 살아 역사할 것입니다. 제 후손이 저 별빛처럼, 세상의 빛처럼 살아가게 해주십시오."

숨결은 점점 느려지더니 마침내 고요히 멈추었다. 그의 영혼은 별빛을 향해 오르는 듯, 평안히 풀려났다. 장막 안에는 깊은 정적이 내려앉았다. 이삭과 이스마엘은 무거운 침묵 속에서 아버지 곁에 앉아 있었다. 두 형제는 서로 다른 길을 걸어왔으나, 아버지의 죽음 앞에서 하나가 되어 눈물을 흘렸다. 그 눈물에는 단순한 슬픔만이 아니라, 한 시대가 끝나고 새로운 시대가 열리는 무게가 담겨 있었다.

며칠 뒤, 두 아들은 함께 아버지를 막벨라 동굴에 장사했다. 그곳은 어머니 사라가 누워 있는 자리였다. 사람들은 그 장례를 지켜보며 조용히 속삭였다.

"그는 나그네로 살았으나 결코 길을 잃지 않았다. 그는 민족의 아버지였고, 믿음의 조상이었다. 하나님께 끝까지 순종한 자였다."

장례를 마친 밤, 하늘은 유난히도 맑았다. 수많은 별빛이 쏟아지듯 하늘을 가득 메웠다. 그것은 마치 하나님께서 오래전 아브라함에게 보여주셨던 언약을 다시금 확인시켜 주는 듯했다.

아브라함은 흙으로 돌아갔으나, 그의 믿음은 사라지지 않았다. 그의 걸음은 나그네의 길이었으나, 그 끝은 하나님의 약속 위에 서 있었다.

막벨라 동굴에는 사라와 나란히 잠든 그의 몸이 있었지만, 하늘 가득 쏟아진 별빛은 여전히 살아 움직이며 그의 이야기를 증거하고 있었다.

그 빛은 이삭의 눈에도, 리브가의 눈에도, 그리고 앞으로 태어날 모든 후손들의 눈에도 반짝이며 전해졌다.

그 빛은 세월을 넘어 오늘까지 이어져,
아브라함을 "믿음의 조상"이라 부르게 했다.

"아브라함의 삶은 나그네의 길이었으나, 끝까지 하나님을 신뢰함으로 약속이 현실이 되었고, 그의 믿음은 세대를 넘어 별빛처럼 이어졌다."

에필로그

아브라함이 세상을 떠난 뒤, 그의 장막은 한동안 깊은 고요에 잠겨 있었다. 그러나 그의 삶은 결코 한 사람의 죽음으로 끝나지 않았다. 그의 발걸음은 길이 되었고, 그의 믿음은 후손들의 가슴 속에서 불씨가 되어 타올랐다.

막벨라 동굴 곁에서 사람들은 종종 그의 이름을 이야기했다.

"우리 조상 아브라함은 본토와 친척을 떠나, 오직 하나님의 말씀을 따라간 분이시다."

"그분은 기근의 땅에서도, 전쟁터에서도 하나님을 의지하셨다."

"그리고 가장 사랑하는 아들마저도 하나님께 드리려 했던 분이다."

이삭은 아버지가 남긴 장막 자리에 서서 밤하늘을 올려다보았다. 수많은 별빛이 그의 머리 위에서 쏟아지고 있었다. 그 빛은 아버지가 평생 붙들었던 언약의 증거였다. 이삭은 눈을 감고 조용히 속삭였다.

"아버지, 이제 당신의 하나님이 나의 하나님이 되셨습니다. 당신이 걸으신 믿음의 길을 제가 이어가겠습니다."

세월은 흐르며, 아브라함의 이야기는 자손들의 입술에서 끊임없이 전해졌다. 모닥불 곁에서 아이들은 눈을 반짝이며 그의 여정을 들었고, 그 이야기는 세대를 넘어 하나의 민족의 뿌리가 되었다. 그러나 그 고백은 단지 혈통의 기억으로 머무르지 않았다.

훗날 수많은 민족과 세대가 그 이름을 입에 올리며 마음에 새겼다. 사람들은 그를 이렇게 불렀다.

"믿음의 조상, 아브라함."

광야 위의 하늘에는 여전히 별빛이 쏟아지고 있었다. 그 빛은 하나님께서 주신 언약이 지금도 살아 있다는 증거였다. 아브라함은 흙으로 돌아갔으나, 그의 믿음은 별빛처럼 꺼지지 않고 세대를 넘어 이어지고 있었다.

그리고 그 별빛은 속삭인다.

"믿음은 여전히 살아 있다. 아브라함의 하나님이 너의 하나님이 되시리라."

그리고 오늘을 살아가는 우리에게도 그 빛은 말한다.

"믿음의 길은 먼 과거의 전설이 아니라, 지금 이 자리에서도 이어지고 있다. 두려움 속에서도 순종했던 아브라함처럼, 너의 삶 또한 하나님의 언약 안에서 빛날 수 있다."

그리고 그 순간 별빛 속에서 음성이 울려 퍼졌다.

"두려워하지 말라.
내가 네 하나님이 되리라."

맺음말

아브라함의 생애는 결코 한 사람의 이야기로 끝나지 않았습니다. 그의 믿음은 씨앗이 되어 세대를 거듭하며 자라났고, 후손들의 역사 속에서 불씨처럼 이어졌습니다. 밤하늘 가득한 별처럼, 그의 발걸음은 수많은 이름들 속에 스며들어 오늘도 꺼지지 않는 별빛으로 남아 있습니다.

그 별빛은 이삭에게 이어졌고, 야곱에게 전해졌으며, 요셉과 모세의 여정을 거쳐 하나님의 백성들에게 흘러 들었습니다. 각 시대마다 믿음의 시험은 달랐지만, 그 모든 길 위에는 변함없이 하나님의 약속과 신실하심이 함께했습니다. 믿음은 과거의 기록이 아니라, 오늘을 살아가는 우리의 힘이며, 미래를 여는 영원한 언약임을 증언합니다.

아브라함에 이은 믿음의 여정은 이삭과 야곱, 요셉으로 이어졌습니다. 그리고 그 별빛은 모세와 여호수아, 다윗을 거쳐 하나님의 역사 속에서 더욱 깊고 넓게 흘러갑니다.

그들의 삶은 단순한 옛 기록이 아닙니다. 그것은 하나님께서 어떻게 한 사람과 한 민족을 통해 일하셨는지를 보여 주는 살아 있는 증언입니다. 그들의 발자취 속에서 우리는 하나님의 뜻이 세대를 넘어 어떻게 이어지고, 마침내 오늘 우리의 길까지 비추고 있음을 다시 확인하게 됩니다.

소설 《아브라함》에 이어, 다음 여정은 《별빛 따라 별이 된 사람들》로 이어집니다. 이 책에는 이삭과 야곱, 요셉의 이야기가 담기며, 그 뒤를 이어 모세, 여호수아, 다윗의 삶도 펼쳐질 것입니다. 이 믿음의 이야기들은 단순한 과거의 기록이 아니라, 오늘을 살아가는 우리에게도 여전히 울려 퍼지는 하나님의 부르심으로 다가올 것입니다.

이 이야기를 통해 우리는 하나님의 언약이 어떻게 이어지고 완성되어 가는지를 보게 될 것입니다. 그 길은 과거에 머무는 길이 아니라, 지금 이 순간 우리가 함께 걸어가야 할 믿음의 길임을 일깨워 줍니다.

하늘의 별빛은 어둠 속에서도 결코 꺼지지 않았습니다. 아브라함을 이끌었던 그 빛은 그의 후손들을 지켜 주셨고, 지금도 우리의 길을 인도하고 있습니다. 그리고 그 빛을 따라 걷는 모든 이들의 발자취는, 세대를 넘어 또 다른 이들의 길을 밝히는 별빛이 될 것입니다.

별빛은 길을 잃은 이에게 길을 내어 주고, 어둠 속에서도 희망을 속삭입니다. 여러분의 발걸음 또한 그 빛을 따라 이어지며, 언젠가 누군가의 길 위에 작은 등불처럼 머물기를 기도합니다. 그렇게 우리의 이야기는 세대를 넘어 계속 흐르며, 하나님의 별빛 아래 또 다른 길을 밝혀 줄 것입니다.

소설 아브라함

초판 1쇄 발행 2025.9.25

지은이 김호용
펴낸곳 도서출판 꿈나눔
등록 제2025-000070호
주소 경기도 용인시 수지구 현암로 125번길 11
연락처 010-3763-6364
문의 spiritme@hanmail.net
인쇄 ㈜다인스케치

ISBN 979-11-992521-4-1
값 10,000원

본서에 게재된 내용 일체의 무단복제 및 복사를 금합니다.
잘못된 책은 교환해 드립니다.